KB125038

총살된 프랑스, 남겨진 편지

총살된 프랑스, 남겨진 편지 1940~1944년 독일강점기 프랑스의 피총살자 서한

초판 1쇄 인쇄 2022년 9월 30일
초판 1쇄 발행 2022년 10월 6일

지은이 이용우
펴낸이 정순구
책임편집 조원식
기획편집 정윤경 조수정
마케팅 황주영

출력 블루엔
용지 한서지업사
인쇄 한영문화사
제본 한영제책사

펴낸곳 (주) 역사비평사
등록 제300-2007-139호 (2007.9.20)
주소 10497 : 경기도 고양시 덕양구 화중로 100(비전타워21) 506호
전화 02-741-6123~5
팩스 02-741-6126
홈페이지 www.yukbi.com
이메일 yukbi88@naver.com

이 도서는 한국출판문화산업진흥원의 '2022년 우수출판콘텐츠 제작 지원' 사업 선정작입니다.

총살된 프랑스, 남겨진 편지

1940~1944년 독일강점기 프랑스의 피총살자 서한

이용우 지음

역사비평사

차례

총살된 프랑스, 남겨진 편지

책머리에

오늘날 프랑스인들에게 1940~1944년의 역사는 여러모로 특별한 의미를 갖는다. 4년이라는, 짧다면 짧은 기간이지만 그 시기에 프랑스는 이웃 나라 독일에게 점령당했고, 나치 독일의 직간접적인 지배를 받았고, 대독협력 정책을 기조로 한 '사실상의 권력체'가 들어섰고, 수십만 명의 대독협력자를 낳았다. '사실상의 권력체'로 불리지만 엄연한 프랑스 정부(비시 정부)였고, 그래서 더더욱 고통스러웠다. 억압적 질서에 순응하는 "암울했던 시절(les années noires)"이었다. 수십만 명의 노동자가 독일의 공장들로 끌려가고, 백 수십만 명의 프랑스 군인들이 5년 내내 독일의 포로수용소에 갇혀 지내고, 파리 시내에서 프랑스 경찰이 13,000명의 유대인을 체포하여 홀로코스트에 협력하던 끔찍한 시기였다.

모두가 협력하고 순응할 때 "아니오."를 외쳤던 이들이 존재하지 않았더라면 독일강점기 4년의 역사는 영원히 괄호 안에 넣고 싶은 역사, 수치스런 과거사로만 남았을 것이다. 비록 대독협력자들보다는 훨씬 소수였지만, 그리고 프랑스를 나치 독일의 지배에서 해방시키는 데 결정적인 역할을 한 것도 아니었지만(그러한 역할은 연합군이 했다.), 이들 레지스탕스의 존재는 독일강점기 역사에 좀 더 영광스러운 의미를 부여했고, 전후戰後 프랑스를 (패전국의 속국이 아니라) 승전국의 지위로 끌어 올렸다.

물론, 점령국 나치 독일의 지배와 그에 적극 협력하는 비시 정부에 맞서는 행위는 자신의 목숨을 담보로 한 것이었다. 저항을 촉구하는 전단을 제작하고, 그러한 전단을 아파트 현관 우편함에 넣거나 건물 옥상에서 뿌리고, 담벼락에 승리의 브이 자字를 쓰고, 점령 당국의 공고문이나 선전 포스터를 훼손하고, 유대인을 숨겨주고, 연합국 군인의 피신을 돕고, 군사정보를 연합국 측에 제공하고, 무기를 반납하지 않는 것, 이 모든 행위가 목숨을 건 것이었다. 이들 저항자들은 게슈타포나 프랑스 경찰에 체포되어 모진 고문을 당하다가 죽거나, 독일의 수용소들로 끌려가 죽거나, 도심 거리와 숲속에서 독일군에 맞서 전투를 벌이다가 죽거나, 재판도 없이 즉결 처형되거나, 독일군사재판소에서 사형을 선고받고 총살당하거나, 프랑스재판소에서 사형을 언도받고 단두대에서 목이 잘리거나, 자결했다.

이 책에서 다루고자 하는 사람들은 주로, 레지스탕스 활동을 하다가 체포되어 독일군사재판소에서 사형을 선고받고 총살당했거나, 수감 중에 (다른 이들의) 항독 투쟁에 대한 보복의 일환으로 '인질'로 선정되어 총살된 사람들이다. 요컨대 전후 프랑스 문헌들에서 '피총살자(fusillé)'로 통칭되는 사람들이다.

바로 이들(정확히는 이들 중 일부)에게 총살당하기 몇 시간 전에 마지막 편지를 쓸 기회가 주어졌다. 모든 게 급박하게 이루어졌다. 불과 몇 시간 뒤에 총살이 집행될 것이라는 통보는 인질로 선정된 수감자들에게는 물론이고, 이미 사형을 언도받은 사형수조차 사면 청원이 받아들여지기를 기대하고 있던 터라 그야말로 청천벽력 같은 소리였다. 그러한 상황에서 두꺼운 종이 한두 장과 질 나쁜 필기도구 한 자루가 주어졌다. 그렇게 수백 명의 사람들이 총살되기 직전에 감방에서, 혹은 처형장의 어느 천막이나 건물 안에서, 급박하게 자신의 부모, 형제, 자녀, 배우자, 친구, 애인, 지인에게 마지막 작별의 편지를 썼다.

이 책은 바로 이들과 이들이 쓴 편지, 그리고 이들이 처형된 장소에 대한 이야기다.

사실, 이 책은 필자가 '독일강점기 프랑스(1940~1944)의 역사와 기억'이란 큰 주제와 관련하여 내놓는 네 번째 책이다. 이전의 세 책, 즉 『프랑스의 과거사 청산 — 숙청과 기억의 역사, 1944~2004』(역사비평사, 2008), 『미완의 프랑스 과거사 — 독일강점기 프랑스의 협력과 레지스탕스』(푸른역사, 2015), 『레지스탕스 프랑스 — 신화와 망각 사이』(푸른역사, 2019)가 주로 연구 논문들을 모은 형식의 것이라면, 이 책의 형식은 다소 혼종적이다. 서한집과 연구서를 겸하고 있다.

이 책은 크게 세 부분으로 나뉜다. 먼저 1부는 해방 직후부터 현재까지 프랑스에서 출간된 7종의 『피총살자 서한집』(1946. 1958, 1970, 1985, 2003, 2006, 2010)에 실린 편지들을 모두 분석한 것이다. 이 7종의 서한집들에는 서로 중복된 서한들을 제하면 모두 237명의 사형수와 인질 피총살자가 쓴 편지 315통이 실려 있다. 이 서한집들이 서로 어떻게 다르고, 이 편지를 쓴 사람들은 어떤 사람들이고, 이들이 마지막 편지에서 무엇을 말하고자 했는지를 분석했다.

1부가 237명이 쓴 315통 모두를 분석한 것이라면, 2부는 그중에서도 23명이 쓴 48통의 편지를 엄선해서 원문의 전체나 일부를 번역하여 실은 것이다. 레지스탕스를 악의적으로 묘사한 대표적인 선전물인 〈붉은 포스터〉(1944)의 주인공인 미사크 마누시앙이나 현재 파리 및 교외의 지하철역 이름으로 남을 정도로 유명한 인물들(기 모케, 가브리엘 페리, 데스티엔 도르브, 자크 봉세르장)의 편지만이 아니라, 16세의 고교생에서부터 63세의 이발사에 이르기까지 거의 알려지지 않은 피총살자들의 서한도 다수 선정했다.

2부에 편지가 실린 23명의 피총살자는 다시 세 그룹으로 나뉜다. 먼저 1장 「총살된 파리」라는 제목 아래 실은 두 명의 피총살자는 파리의 독일군사재판소에서 사형을 선고받았으나 레지스탕스 활동가로 보기 어려운 사례다. 그만큼 삼엄한 억압의 질서를 보여준다. 가장 큰 비중을 차지한 두 번째 그룹은 2장 「죽음 앞에 선 레지스탕스」라는 제목 아래 레지스탕스 사형수들 15명의 서한으로 구성된다. 세 번째 그룹의 3장 「인질로 죽다」는 항독 무장투쟁에 대한 보복으로 총살된 인질 수감자 6명의 서한들을 실었다. 각 편지들 앞에는 집필자에 대한 간략한 소개 글을 실었다. 소개 글을 작성하기 위해 필자는 해당 편지가 실렸던 서한집들 자체의 소개 글만이 아니라 2015년에 발간된, 방대한 분량(총 1,950쪽)의 『피총살자 인명사전』[1]도 참조했다.

1부와 2부가 피총살자들과 그들이 쓴 편지에 대한 것이라면, 3부는 이들이 총살당한 장소를 다룬다. 독일강점기 프랑스의 피총살자 전체

---

1) Claude Pennetier et al., dir., *Les fusillés(1940~1944). Dictionnaire biographique des fusillés et exécutés par condamnation et comme otages ou guillotinés en France pendant l'Occupation*, Ivry-sur-Seine: Les Éditions de l'Atelier, 2015.

의 4분의 1에 해당하는 1,008명이 처형된 장소인 파리 서부 교외의 몽발레리앵(Mont-Valérien)이 3부의 주제다. 이곳이 강점기 처형장으로 기능했던 역사와, 전후 프랑스에서 이곳이 어떠한 기억의 장소로 거듭나는지를 살펴보았다. 그곳에서 행해진 기념식들과 그곳에 세워진 기념물들을 주로 분석했다.

유족들은 총살이 집행되고 나서 며칠 뒤나 몇 주(때로는 몇 달) 뒤에 가서야 편지를 받았다. 편지를 쓴 사형수들이 그리도 갈망했던 프랑스 해방은 몇 달 뒤 혹은 몇 년 뒤 이루어졌고, 그들을 처형한 나치 독일은 지구상에서 사라졌다. 전쟁은 끝나고 나치 독일로부터의 해방도 이루어졌지만 사형수들이 꿈꾸었던 "모두에게 빵과 장미가 있는 세상"은 오지 않았다. 이들이 그토록 꿈꾸었던 "자유롭고 강하고 행복한 프랑스"가 불과 십여 년 뒤 지중해 건너편 알제리(그리고 파리 도심 한복판)에서 식민지를 놓치지 않기 위해 고문과 살해를 자행하는 상황을 이들은 예상했을까.

프랑스가 해방된 지 거의 80년이 되어가고 알제리가 독립한 지도 60년이 되어가는 현재, 세계는 전 지구적인 전염병과 끝 모를 사투를 벌이는 중이다. 80년 전 지구 반대편에서 처형당하기 직전 떨리는 손으로 가장 사랑하는 사람들에게 편지를 썼을 237명의 사람들에게 이 책을 바치고 싶다.

2022년 8월
이용우

1부

서한집의 역사
— 그들은 누구이고 무엇을 썼는가?

1940년부터 1944년까지 프랑스에서 레지스탕스 활동을 하다가 독일 군경이나 비시 정부 경찰의 탄압으로 사망한 사람들은 모두 몇 명일까? 프랑스에서 나치 독일 절멸수용소들로 끌려가 학살당한 유대인의 정확한 수는 알려져 있지만, 놀랍게도 이러한 레지스탕스 순국자의 수는 현재까지도 밝혀지지 않은 상태다. 단지, 2006년에 프랑스에서 발간된 『레지스탕스 역사사전』은 '독일강점기 프랑스에서, 그리고 나치 독일의 감옥들과 수용소들에서 레지스탕스 행위를 이유로 죽임을 당한 프랑스인'의 수를 대략 35,000명 선으로 잡고 있다.[2)]

이들 중 가장 많은 수를 차지한 것은 독일의 수용소들로 끌려가 사망한 사람들로, 18,000~20,000명으로 추정된다. 다음으로는 약 12,000명의 레지스탕스 대원들이 독일 군경과 전투하다가 사망하거나 전투 직후에 약식 처형당하거나 학살당했다. 독일 점령 당국의 군사재판소

---

* 이 글은 이용우, 「죽음 앞에 선 레지스탕스 — 독일강점기 프랑스의 피총살자 서한들」, 『이화사학연구』 60, 2020을 수정·보완한 것이다.

2) François Marcot, dir., *Dictionnaire historique de la Résistance*, Paris: Robert Laffont, 2006, pp. 774~775.

에서 레지스탕스 활동을 이유로 사형을 선고받은 뒤에 총살된 사람은 약 3,100명으로 추산된다. 비시 정부는 레지스탕스 탄압을 목표로 창설한 특별재판소에서 19명에게 사형을 선고한 뒤 단두대로 보냈고, 1944년 1월에 신설한 군법회의를 통해서는 약 200명을 총살했다. 이들 외에도 독일 점령 당국은 레지스탕스의 무장투쟁으로 독일군 인명 피해가 발생할 때마다 수감자들을 '인질'로 선정하여 처형했는데, 그렇게 총살된 사람의 수는 약 860명에 달했다.[3]

2015년에는 이들 가운데 정식으로 재판에서 사형을 선고받고 처형당하거나 인질로 총살된 사람들의 인명사전이 발간되었다. 『피총살자 (1940-1944)』라는 제목의 이 인명사전에는 제목과 달리 '총살당한 사람'만 수록된 것이 아니라 비시 정부의 특별재판소에서 선고받고 단두대로 보내진 사람들, 고문사하거나 고문받다가 자살한 사람, 총살 직전에 자살한 사람, 단두대형이나 교수형에 처해진 여성도 포함되었다. 모두 4,425명이 이 인명사전에 수록되었다.[4]

이상에서 살펴본 사람들 중 일부는 처형당하기 직전에 가족이나 친구, 지인 등에게 마지막 작별의 편지를 쓸 수 있었다. 이 편지들은 전후 프랑스에서 현재까지 '피총살자 서한집'이라는 제목으로 출간된 7종의 책들에 실렸다. 해방 직후인 1946년에 공산당계 무장 레지스탕스 조직

---

3) Claude Pennetier et al., dir., *Les fusillés(1940~1944). Dictionnaire biographique des fusillés et exécutés par condamnation et comme otages ou guillotinés en France pendant l'Occupation*, Ivry-sur-Seine: Les Éditions de l'Atelier, 2015, p. 19, 27; Jean-Pierre Besse et Thomas Pouty, *Les fusillés. Répression et exécutions pendant l'Occupation(1940~1944)*, Paris: Les Éditions de l'Atelier, 2006, p. 181.

4) Pennetier et al., dir., *Les fusillés(1940~1944)*, p. 19, 27.

인 FTP(Francs-tireurs et partisans, 의용유격대)가 발간한 『피총살자 서한집』,
공산당계 출판사가 잇달아 간행한 3종의 『피총살자 서한집』(1958, 1970,
1985), 21세기에 탈랑디에(Tallandier) 출판사가 간행한 2종의 『피총살자
서한집』(2003, 2006)과 『몽발레리앵 피총살자 서한집』(2010)이 그러한 책
들이다.[5]

적게는 28명(1958)에서 많게는 118명(2003)의 서한들이 실린 이 7종
의 서한집에서 중복된 서한들을 제하고 나면, 모두 237명의 '피총살
자'(모두가 총살당한 사람은 아니었다.)가 쓴 마지막 서한 315통이 이 서한
집들에 수록되었다. 필자는 이 편지들을 분석했고 이 가운데 23명의 서
한들을 엄선해서 이 책에 실었다.

이들은 대체로 총살당하기 몇 시간 전에야 자신이 처형된다는 사실
을 통보받았고 부모, 형제, 자녀, 배우자 등에게 마지막 편지를 쓰는 것
을 허락받았다. 서한집들에 실린 237명 중에서 대부분(182명, 76.8%)은 1
통만 썼지만, 44명(18.6%)은 2통씩 썼고, 7명은 3통, 3명은 4~5통을 썼으
며, 1명은 검열을 피해 모두 10통을 썼다.

---

5) *Lettres de fusillés*, Paris: France d'abord, 1946; *Lettres de fusillés*, Paris: Éditions sociales,
1958; *Lettres de fusillés*, Paris: Éditions sociales, 1970; *Ils animaient la vie. Lettres de fusillés*,
Paris: Éditions Messidor, 1985; *La vie à en mourir. Lettres de fusillés(1941~1944)*, Paris:
Tallandier, 2003; *La vie à en mourir. Lettres de fusillés(1941~1944)*, Paris: Tallandier, 2006;
Lettres de fusillés du Mont-Valérien(1940~1944), 《À vous et à la vie》, Paris: Tallandier,
2010. 이상의 7종 외에도 "피총살자 서한집"이 제목에 포함된 책은 전후 프랑
스에서 2종이 더 나왔는데 둘 다(『샤토브리앙 피총살자 서한집』과 『코트도
르 피총살자 서한집』) 특정 지역의 서한들만 수록한 책이어서 분석 대상에서
제외했다. Amicale des anciens internés patriotes de Châteaubriant-Voves, *Lettres de fusillés
de Châteaubriant*, Châteaubriant, 1954; *Lettres de fusillés Côte-d'Oriens*, Dijon: Archives
départementales de la Côte-d'Or, 2012.

국내에서는 물론이고 프랑스 자체에서도 피총살자 서한을 분석한 연구는 드문 실정이다. 이러한 종류의 서한들을 다룬 첫 연구는 폴란드의 레지스탕스 출신 사회학자 미셸 보르비츠(Michel Borwicz)에 의해 이루어졌다. 그의 저작 『독일강점기 사형수들의 글들(1939~1945)』은 1953년의 소르본 대학 사회학 박사학위논문에 기반한 것이다. 사형수들의 서한만이 아니라 시, 일기, 낙서 등도 분석했고 무엇보다도 프랑스만이 아니라 폴란드, 유고슬라비아, 러시아, 독일 등의 사례도 연구 대상으로 삼은 것이어서 프랑스 사형수의 서한들에 대해서는 극히 짧게만 다루었다.[6] 게다가 1950년대 초에 집필한 것이어서 필자가 분석한 7종의 서한집들 가운데 오직 1946년판만 참조했다. 더욱 본격적인 연구는 2011년에 와서야 역사가 프랑수아 마르코(François Marcot)에 의해 발표되었다. 『강점기에 글쓰기』란 제목 아래 프랑스, 벨기에, 폴란드 3국 레지스탕스를 다룬 논문 모음집에 실린 글(「피총살자 서한들. 마지막 글, 역사 기록」)로, 이 논문에서 마르코는 프랑스의 피총살자 서한들을 치밀하게 분석했다. 하지만 그 역시 필자와 달리 7종 모두(237명)가 아니라 (자신이 서문을 쓴) 2003년과 2006년의 서한집 2종(151명)만 분석 대상으로 삼았다.[7]

----

6) Michel Borwicz, *Écrits des condamnés à morts sous l'occupation allemande*, Paris: PUF, 1954; *Écrits des condamnés à morts sous l'occupation nazie*, Paris: Gallimard, 1973, 1996.

7) François Marcot, "*Lettres de fusillés*. Derniers écrits. Documents d'histoire," Bruno Curatolo et François Marcot, dir., *Écrire sous l'Occupation. Du non-consentement à la Résistance, France-Belgique-Pologne, 1940~1945*, Rennes: Presses universitaires de Rennes, 2011, pp. 353~370. 필자의 집계에 따르면 이 두 서한집(2003, 2006)에 수록된 '피총살자' 의 수는 (중복을 제하면) 모두 153명인데, 마르코는 자신이 분석한 서한의 집필자가 모두 "151명"이라고 썼다.

서한집의 역사

제2차 세계대전 종전 이후 프랑스에서 '피총살자 서한집'이라는 제목으로 출간된 책은, 특정 지역의 피총살자 서한들만을 수록한 책들인 『샤토브리앙 피총살자 서한집』(1954)과 『코트도르 피총살자 서한집』(2012)을 제외하면 현재까지 모두 7종이 나왔다. 해방 직후에 나온 『피총살자 서한집』(1946), 공산당계 출판사가 간행한 3종의 서한집들(1958, 1970, 1985), 2000년대에 나온 2종의 서한집(2003, 2006), 2010년에 출간된 『몽발레리앙 피총살자 서한집』이 그것이다. 21세기 들어서 서한집이 잇달아 나오기 전까지는 해방 직후 첫 서한집이 나온 이후 십수 년에 한 번꼴로 출간된 셈이다.

우선, 해방 직후인 1946년에 출간된 최초의 『피총살자 서한집』은 여러모로 놀랍다. 공산당계 무장 레지스탕스 조직인 FTP의 프랑스 다보르(France d'abord) 출판사가 간행한 이 서한집은 1941년 11월부터 1944년 7월까지 총 72명의 피총살자가 쓴 편지 109통을 모은 것이다. 해방된 지 얼마 안 된 시기임에도 오히려 그 뒤에 나온 3종의 서한집들보다 훨씬 많은 서한들을 수록하고 있다는 점에서 주목할 만하다. 프랑스 공산당이 발간한 1958, 1970, 1985년의 서한집들은 각기 28명, 33명, 41명의 편지들만 수록했던 것이다.

이 최초의 서한집에 서문을 쓴 이는 레지스탕스 출신의 시인이자 출판인인 뤼시앵 셸레르(Lucien Scheler)다. 그는 이 서한집이 후대 역사가가 "레지스탕스 정신을 정의"하려면 반드시 읽어야 할 "피의 사료"임을 천명했다. 또한 그에 따르면 이 편지들을 쓴 모든 이가 "조국을 위해

1946년에 출간된 첫 『피총살자 서한집』

자발적으로 쓰러졌"으며 이 편지들은 "모든 레지스탕스 대원들, 모든
고인들에 대한 기억에 봉사"해야 할 것이었다.[8]

이 서한집을 간행한 출판사가 공산당계 레지스탕스 조직인 FTP의
회사이니만큼 여기에 수록된 서한 집필자들의 대부분이 공산당계 레
지스탕스 대원들인 것은 놀랄 만한 사실이 아니다. 필자가 이 집필자들
의 소속과 정치 성향을 분석한 바에 따르면 72명 가운데 65명(90.3%)이
프랑스공산당에 속하거나 FTP, 공산주의청년동맹 등 공산당계 조직의
일원이었다.

더욱 주목할 만한 사실은 이후에 나온 다른 어떠한 서한집과 달리

---

8) *Lettres de fusillés*, Paris: France d'abord, 1946, p. I, II.

이 책에는 피총살자 가운데 인질로 처형된 사람의 서한이 거의 수록되지 않았다는 점이다. 72명 가운데 인질 피총살자는 단 한 명(Marcel Hartman)뿐이었다.[9] '레지스탕스 정당'임을 언제나 강조한 프랑스공산당이 직접 발간한 1958, 1970, 1985년의 서한집들조차 8명(1958, 1970) 혹은 15명(1985)의 인질을 포함하고 있는 것과 대비된다. 이러한 구성은 앞서 인용한 서문의 구절, 즉 집필자 모두가 "조국을 위해 자발적으로 쓰러"진 사람이었다는 문구에도 부합한다. 또한 이 서한집을 발간한 주체가 레지스탕스 조직(FTP)이었다는 점과 함께, 해방 직후 시기에 레지스탕스 순국자가 가졌던 중요성의 무게(인질 피총살자와 비교되지 않을 정도의)에 어느 정도 연유하는 것으로 보인다.

다음으로 살펴볼 3종의 서한집(1958, 1970, 1985)은 모두 공산당계 출판사에서 간행된 것이다. 1958년판과 1970년판은 에디시옹 소시알 출판사, 1985년판은 에디시옹 메시도르에서 나왔다. 이 서한집들은 내용상으로도 상당한 유사성을 보였다. 즉, 1958년도 서한집에 실린 28명의 서한 45통 전부가 이보다 많은 서한들이 수록된 1970년의 서한집과 1985년의 서한집에 그대로 실렸고, 특히 1958년과 1970년의 서한집들은 서문까지 동일했다. 그 서문을 쓴 이가 독일강점기 프랑스 국내에서 지하 공산당을 이끈 최고 책임자였던 자크 뒤클로(Jacques Duclos)라는 사실은 프랑스공산당이 이 서한집들에 부여한 중요성이 어떠했는지를 잘 보여준다.

뒤클로에 따르면 이 서한집은 "프랑스 인민의 투쟁에 대한 감동적

---

9) *Ibid.*, pp. 109~110.

공산당계 출판사에서 간행한 3종의 『피총살자 서한집』(왼쪽부터 1958, 1970, 1985)

인 증언"으로, "레지스탕스의 영웅들이 어떠했고, 이들이 조국을 해방
시키고 노래하는 내일을 준비하기 위해 어떻게 죽었는지"를 상기시킬
것이었다.[10] 10쪽 분량의 이 서문에서 "영웅(héros)"이란 단어는 무려 7
차례나 등장했다. 또한 뒤클로는 레지스탕스 활동을 하다가 독일군(이
나 비시 경찰)에 잡혀 처형당하거나 고문사하거나 절멸수용소에서 사망
한 23명의 공산당 투사들의 사례를 여러 쪽에 걸쳐 나열했다. 이들 중
17명은 서한집에 편지가 수록된 인물들이었고 이 가운데 13명은 편지
의 한두 구절이 서문에 직접 인용되었다.[11] 이들은 마지막 서한에서
"프랑스 만세!"만이 아니라 "공산당 만세!"(Joseph Delobel, Paul Camphin),
"국제 프롤레타리아 만세!"(Jean-Pierre Timbaud)를 외친 인물들이었다.

10) *Lettres de fusillés*, Paris: Éditions sociales, 1958, p. 5.
11) *Ibid.*, pp. 6~13.

뒤클로는 이 서문에서 1944년의 프랑스 해방은 "이 모든 고인들의 희생 덕분"인데 이는 곧 "프랑스 레지스탕스의 불굴의 전위"인 동시에 "가장 먼저 침략자들에 맞서 무장투쟁을 조직"한 프랑스공산당의 자랑거리임을 강조했다.[12]

공산당계 출판사가 내놓은 세 번째이자 마지막 『피총살자 서한집』 (1985)은 앞의 세 서한집과 달리 "그들은 삶을 사랑했다"를 주 제목으로 내걸었다. 서문 역시 뒤클로의 글에 비해 공산당을 노골적으로 찬미하는 정도가 훨씬 덜했다. 공산당의 원로 정치인 에티엔 파종(Étienne Fajon, 당시 79세)은 그 책의 서문에서 이 마지막 공산당계 서한집을 "영웅성과 위대함의 선집"으로 소개했다.[13] 그가 피총살자들 가운데 공산주의자들이 가장 많았음을 강조한 것이나, "우리 형제들의 희생"이 헛되지 않았던 것은 그 희생이 "우리 당"에 "효율성과 위신"을 부여했기 때문이라고 주장한 대목은 앞서 소개한 뒤클로 서문의 연장선상에 있다.[14]

흥미로운 점은 파종이 여기에 수록된 편지의 집필자들은 모두 공산주의자들이며 이는 다른 정파에 속한 피총살자의 서한들을 전혀 입수할 수 없었기 때문이라고 밝히고 있는 점이다.[15] 실제로 1985년의 서한집에 수록된 41명, 그리고 1958년 서한집의 28명과 1970년의 33명 모두가 예외 없이 공산당원이거나 공산당계 조직의 구성원이었다. 하지만

---

12) *Ibid.*, p. 13.

13) *Ils animaient la vie. Lettres de fusillés*, Paris: Éditions Messidor, 1985, p. 9.

14) *Ibid.*, pp. 9, 12.

15) *Ibid.*, p.9.

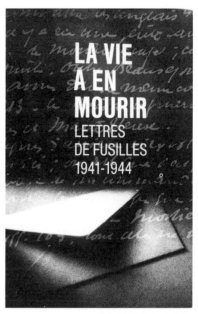

2003년판 『피총살자 서한집』

39년 전에 나온 첫 서한집(1946)에 이미 7명의 비공산당계 투사가 쓴 편지들이 수록되었다는 사실을 생각한다면 그러한 편지들을 찾을 수 없었다는 파종의 주장은 받아들이기 어렵다. 종전終戰 40주년에 나온 이 서한집이 전적으로 공산당계 투사들의 글로만 구성된 점에 대해서는 비판하지 않을 수 없다.

그로부터 18년이 지난 2003년이 되어서야, 그리고 수집 과정과 편집 과정에서 특정 정당의 입김이 전혀 작용하지 않게 되어서야 비로소 피총살자 서한집은 '근대화'되었다. 우선, 수록된 서한들 자체가 대폭 늘었다. 2003년의 『피총살자 서한집』은 무려 118명이 쓴 마지막 서한 155통을 수록했고, 그 책의 개정판에 해당하는 2006년판 서한집은 113

명의 편지 161통을 실었다. 2003년판에 수록된 118명 가운데 85명(72%)의 서한은 이전의 어느 서한집에도 실리지 않았던 것이다.

국립레지스탕스박물관의 학예사 기 크리보피스코(Guy Krivopissko)가 서한집 서두에서 밝힌 바에 따르면 모두 350명의 피총살자가 집필한 편지 약 500통이 전국 13곳의 박물관과 기록보관소들 및 몇몇 개인들로부터 수집되었다. 그렇게 수집된 서한들을 다시 최종적으로 118명의 155통으로 추리는 데는 ① 특정 시기나 특정 지역에 편중되지 않을 것, ② 독일 점령 당국과 비시 정부의 억압 정도를 보여줄 것, ③ 이에 맞선 레지스탕스의 방식과 형태의 다양성을 보여줄 것, ④ 당시 프랑스의 모습이기도 한 피총살자들의 다양한 모습을 온전히 드러낼 것이라는 네 가지 기준이 적용되었다.[16]

서문은 더 이상 공산당 정치인이 아니라 전문 역사가가 썼다. 브장송(Besançon) 대학교 현대사 교수인 프랑수아 마르코의 2003년판, 2006년판 서한집 서문에는 더 이상 '영웅'이나 '순교자'란 단어가 많이 등장하지 않았다. 피총살자 서한집은 "프랑스 인민의 투쟁에 대한 감동적인 증언"(1958, 1970)이나 "영웅성과 위대함의 선집"(1985)이 아니라 "인간의 문자가 우리에게 물려준 가장 강력한 증언들"(2003)[17]이었다.

21세기에 나온 서한집들이 그 전의 서한집들과 가장 두드러진 차이를 보인 것은 서한 집필자들의 소속 정파가 될 것이다. 앞서 보았듯이 90.3(1946)~100%(1958, 1970, 1985)에 달했던 공산당계 투사의 비율은 2003

---

16) Guy Krivopissko, "Présentation," *La vie à en mourir. Lettres de fusillés(1941~1944)*, Paris: Tallandier, 2003, p. 32.

17) François Marcot, "Voix d'outre-tombe," *La vie à en mourir*, 2003, p. 9.

년의 서한집에서는 61.9%(118명 중 73명)로 내려갔다. 2006년의 개정판 서한집에서는 57.5%(113명 중 65명)로 좀 더 내려갔다. 2010년의 『몽발레리앵 피총살자 서한집』도 61.8%(55명 중 34명)에 머물렀다.

한편, 2006년의 서한집은 2003년의 서한집과 제목, 체재와 구성도 동일하고 서문과 해제도 동일하다는 점에서 명백히 2003년 책의 개정판이라고 할 수 있지만 수록 서한들이 상당수 바뀐 점이 눈에 띈다. 즉, 2003년판에 수록된 118명 가운데 무려 40명(33.9%)의 서한이 빠지고 35명의 서한이 2006년판에 새로 들어갔던 것이다. 크리보피스코가 2006년판의 해제에서 밝힌 바에 따르면 이는 2003년판 서한집의 출간 이후 레지스탕스 피총살자 유족들이 미공개 서한들을 자신에게 직접 가져다주거나 우편으로 레지스탕스 박물관에 보내오고, 몇 달 전 리옹 시 기록보관소의 장례 관련 문서함에서 수십 통의 리옹 지역 피총살자 서한들이 새로 발견된 데 연유한 것이다.[18]

끝으로, 2010년에 발간된 『몽발레리앵 피총살자 서한집』은 55명의 피총살자가 쓴 마지막 편지 85통을 수록했다. 파리 서부 교외에 위치한 몽발레리앵은 독일강점기 프랑스에서 가장 많은 총살이 이루어진 처형장이었는데 필자가 분석한 바에 따르면 서한집에 수록된 55명 가운데 12명은 이곳에서 처형되지 않았다. 파리 공군부 사격장(2명), 이시레물리노(Issy-les-Moulineaux) 사격장(1명), 상테(Santé) 교도소(1명), 뱅센(Vincennes) 성(1명) 등 대부분 파리 및 교외 지역에서 처형당한 사람들의 서한이 이 서한집에 포함되었다.

---

18) Krivopissko, "Présentation," *La vie à en mourir*, 2006, pp. 35~36.

기실, 이 서한집은 2003, 2006년의 책들과 출판사도 같고 해제자도 동일 인물(크리보피스코)인 데다가 크리보피스코 자신이 해제에서 밝히고 있듯이 2002년부터 국립레지스탕스박물관이 수행해온 피총살자 서한들의 수집 및 연구 – 조사 작업(앞의 두 서한집 출간으로 이어진)의 연장 선상에 있는 것이었다.[19]

한편, 이 서한집에 수록된 55명 가운데 25명(45.5%)의 편지들은 1946년부터 2006년까지 이전의 어느 서한집에도 실리지 않았던 것이다. 그 가운데 독일강점기 프랑스에서 점령 당국에 의해 최초로 처형당한 파리 시민인 자크 봉세르장(Jacques Bonsergent)의 1940년 12월 22일 서한이 실린 것은 특히 주목할 만하다. 이 서한은 이상의 7종의 서한집들에 수록된 총 237명의 편지 315통 가운데 유일하게 1940년에 쓰인 것으로, 이 편지가 실리기 전까지는 가장 이른 시기의 것이 1941년 8월이 되어서야 등장했던 것이다. 게다가 이 서한의 집필자인 봉세르장은 다른 집필자들 대부분과는 달리 레지스탕스 투사가 전혀 아니었다.

그는 1940년 11월 10일 밤 친구들과 어울려 걷다가 우연히 마주친 독일 군인들과 몸싸움을 벌인 죄로 사형을 선고받고 총살되었다.[20] 레지스탕스 활동을 했더라도 (사형수가 아니라) 인질로 총살된 사람들조차 거의 싣지 않았던 1946년의 서한집과, 레지스탕스와는 거리가 멀었던 시민의 편지가 수록된 2010년의 서한집 사이의 차이만큼 시대적 변화를 잘 보여주는 것도 없을 것이다.

---

19) *Ibid.*, p. 16.

20) Claire Cameron, dir., *Le Mont-Valérien. Résistance, Répression et Mémoire*, Montreuil: Gourcuff Gradenigo, 2010, p. 194.

사형수와 인질

이상의 서한집들에 수록된 편지의 집필자들은 과연 어떤 사람들이었을까?

우선, 모두가 독일 점령 당국의 군사재판소에서든 비시 정부의 특별재판소에서든, 정식 재판에서 사형선고를 받고 처형된 사형수였던 것은 아니었음에 주목할 필요가 있다. 필자가 분석한 총 237명 중에서 그러한 범주의 사형수는 191명(80.6%)이었다. 나머지 46명 가운데 43명(18.1%)은 레지스탕스 활동(대체로 독일 군인들에 대한 직접적인 공격)에 대한 보복 차원에서 총살된 인질이었고, 1명은 전투 중 사망한 FTP 대원이었으며, 2명은 아우슈비츠 수용소에서 학살당하거나 병사한 여성이었다.

성별로는 이 2명의 아우슈비츠 사망자 외에 여성은 오직 2명만 더 존재해서 237명 중에 여성 수록자는 단 4명뿐이었다. 이 가운데 실제로 총살당한 여성은 단 1명이었다. 26세의 속기 타자수였던 프랑신 프로몽(Francine Fromond)은 1944년 초 파리의 독일군사재판소에서 간첩죄로 사형을 선고받고 1944년 8월 5일 총살되었다.[21] 30세의 화학 연구원이었던 프랑스 블로크-세라쟁(France Bloch-Sérazin)은 1942년 9월 재판에서 사형선고를 받고 독일로 끌려가 1943년 2월 함부르크 감옥에서 참수형에 처해졌다.[22] 이 4명의 여성 모두 공산당계 투사였고 모두 3종의

---

21) Pennetier et al., dir., *Les fusillés(1940~1944)*, pp. 1,871~1,873; *Lettres de fusillés*, 1958, p. 76.

22) Pennetier et al., dir., *Les fusillés(1940~1944)*, p. 1,869; *La vie à en mourir*, 2003, pp.

공산당계 서한집(1958, 1970, 1985)에 실렸다.

연령별로는 20대가 98명(41.4%)으로 가장 많았고, 다음으로는 30대가 많았으며(56명, 23.6%), 40대가 31명(13.1%), 50대가 12명(5.1%)이었고, 10대도 24명(10.1%)이나 있었다. 10대 가운데 19세(11명)와 18세(8명)가 대부분이었지만, 17세도 3명, 16세도 2명이 이 서한집들에 실렸다. 16세의 앙리-미셸 토마(Henri-Michel Thomas)와 앙리 페르테(Henri Fertet)는 237명의 피총살자 서한집 수록자들 가운데 최연소다. 앙리-미셸 토마는 비공산당계 레지스탕스 군사 조직인 '비밀군'(Armée secrète)의 특공대 대원으로 항독 활동을 벌이다가, 1943년 11월 게슈타포에 체포되어 다음해 1월 21일 사형을 선고받고 2월 4일 총살되었다. 총살당하기 몇 시간 전에 어머니에게 보내는 편지에서 그는 자신이 "프랑스인이 택할 수 있는 가장 아름다운 죽음을 택했다."라고 썼다. 이 편지는 2006년에야 처음 실렸다.[23] 또 다른 "16세의 사형수"(스스로가 편지에 쓴 표현이다.) 앙리 페르테는 고등학교를 다니다가 가톨릭 청년운동가들로 구성된 레지스탕스 그룹에 들어가 항독 투쟁을 벌였다. 1943년 7월에 체포되어 9월 18일 사형을 선고받고 8일 뒤 총살되었다.[24]

한편, 최고령은 63세의 파리 동부역 이발사 뤼시앵 미샤르(Lucien Michard)다. 총살당하기 전날 아내에게 보낸 편지에서 그는 자신이 "일하느라 너무 바빠서" 역에서 한 손님이 자신에게 맡겨 놓았던 소총을

214~215.

23) La vie à en mourir, 2006, pp. 238~239; Pennetier et al., dir., Les fusillés(1940~1944), p. 1,737.

24) Pennetier et al., dir., Les fusillés(1940~1944), p. 680; La vie à en mourir, 2003, p. 245.

돌려주는 것을 "잊었기 때문에 죽는다."라고 썼다. 그는 1942년 1월 10일 "무기불법소지"죄로 사형을 선고받고 3일 뒤 총살되었다.[25] 피총살자 인명사전에 수록된 그의 이력과 서한 내용을 믿는다면 그는 레지스탕스 투사가 아니었다. 그 밖에 나이를 알 수 없는 수록자가 15명이었고, 나이가 알려진 222명의 평균연령은 29.8세였다.

지역별로는 출생지를 기준으로 집계해보았는데 수도권(파리 시 + 센 도 + 센에우아즈 도 + 센에마른 도)의 피총살자가 가장 많았다. 우선, 출생지가 알려진 204명의 피총살자 가운데 파리 시에서 태어난 사람이 43명 (21.1%)으로 가장 많았고, 여기에 센(Seine) 도 10명, 센에우아즈(Seine-et-Oise) 도 6명, 센에마른(Seine-et-Marne) 도 2명을 더하면 수도권 출신의 피총살자는 61명(29.9%)에 달했다.

다음으로는 프랑스 최북단의 노르-파드칼레(Nord-Pas-de-Calais) 지역 출신의 피총살자가 많았다. 19명(노르 도 12명, 파드칼레 도 7명)으로 9.3%를 차지했다. 다음으로 많은 수는 레지스탕스의 중심 도시로 유명한 리옹 시가 속한 론(Rhône) 도와 프랑스 최서단의 브르타뉴(Bretagne) 지역 피니스테르(Finistère) 도에서 발견되었다. 각각 9명이 그 도들에 속했다.

이상의 지역들 외에도 프랑스 전국의 거의 모든 지역들(출생지 기준)에서 피총살자가 발견되었고, 외국 출신의 피총살자도 22명이나 존재했다. 프랑스 밖 출신국들 가운데서는 폴란드가 8명으로 가장 많았고, 이탈리아가 4명, 알제리가 2명이었다. 그 밖에 독일, 스페인, 체코슬로바키아, 러시아, 리투아니아 그리고 유럽 밖의 이집트, 아이티, 베트남

---

25) *La vie à en mourir*, 2003, pp. 121, 123; Pennetier et al., dir., *Les fusillés(1940~1944)*, pp. 1,280~1,281.

에서도 왔다.

직업별로는 노동자가 가장 많았다. 절반에 육박하는 106명(44.7%)이 노동자였다. 그중에서도 선반공이 11명으로 가장 많았고, 금속공과 철도노동자가 각각 10명, 광부가 8명, 조립공·전기공·기계공이 각각 7명, 목공이 4명, 배관공이 3명 등이었다. 다음으로는 학생(21명, 8.9%)이 많았다. 17~21세의 고등학생이 10명이었고, 18~23세의 대학생이 11명이었다. 세 번째로 많은 범주는 교사와 농민으로, 둘 다 7명씩 서한집들에 수록되었다. 그 밖에 사무원 및 점원이 6명, 정치인이 5명(도의원, 의원, 시장 등), 보험사 직원과 경찰관이 각각 4명, 엔지니어·변호사·직업군인·연구원이 각각 3명씩 수록되었다. 그 외에도 은행원, 어민, 조리사, 의사, 목욕탕 지배인, 공증인, 보좌신부, 연극배우, 우체부 등 실로 다양한 직업군에 속한 사람들이 총살당하기 직전에 마지막 서한을 남겼다.

소속 정파별로는 공산당계의 피총살자가 압도적으로 많았다. 공산당에 직접 가입한 것으로 피총살자 인명사전이나 서한집들의 약력 소개에 기록된 사람이 71명(30%)에 달했다. 또한 전쟁 전부터 '공산주의청년동맹'(Jeunesse communiste)에 소속하여 활동한 투사가 47명(19.8%), 공산당계 무장 레지스탕스 조직인 FTP에 속하여 무장투쟁을 벌인 이가 89명(37.6%), 그 조직의 전신前身들에 해당하는 '특별조직'(Organisation spéciale)과 '청년전투단'(Bataillon de la jeunesse)의 일원으로 항독 활동을 벌인 사람이 26명, 주로 외국인 공산주의자들로 구성된 '이민노동자 의용유격대'(Francs-tireurs et partisans de la Main-d'oeuvre immigrée, FTP-MOI)의 대원이 13명, 스페인내전(1936~1939)에서 '국제여단'(Brigade internationale)의 일원으로 참전했던 이가 11명, 공산당계 항독 대중조직인 '민족전선'(Front national)의 가입자가 8명, 공산당계 노총인 '통일노동총동맹'(Confédération générale du travail unitaire, CGTU)의 노조원이 11명, CGTU와 '노동총동맹'(Confédération générale du travail, CGT)의 재통합 이후 CGT의 공산당계 노조원이 25명이었다. 이들 가운데 수많은 중복 가입자(이를테면 공산당원인 동시에 '공산주의청년동맹' 가입자, FTP 대원인 동시에 CGT 노조원 등)를 제하면 공산당계 피총살자는 총 165명(69.6%)에 달했다.

이렇듯 높은 비율은 앞서 보았듯이 7종의 피총살자 서한집들 가운데 4종(1946, 1958, 1970, 1985) 자체가 공산당계 출판물이었다는 사실에 상당 부분 연유한다. 이 책들에 수록된 공산당계 피총살자의 비율 자체가 90.3(1946)~100%(1958, 1970, 1985)였음이 이를 잘 말해준다. 앞서 본 직업별 구성에서도 노동자의 비율이 가장 높았던 것(44.7%) 역시 '노동계급 정당'을 자처해온 프랑스공산당(과 공산당계 항독 조직인 FTP)이 간행한 서한집이라는 점과 어느 정도 연관이 있어 보인다. 하지만 이후에 나온, 공산당과 전혀 무관한 서한집들(2003, 2006, 2010)에서조차 60% 안팎의 높은 비율이 잘 보여주듯이, 독일강점기 프랑스에서 프랑스공산당이 독일 점령 당국에 맞서 가장 일찍부터(1941년 여름) 무장투쟁 노선을 취하고 가장 적극적으로 그러한 노선을 추구했다는 사실, 따라서 가장 많은 피총살자를 배출한 정당('75,000 피총살자의 당'이라는 별칭은 명백히 과장된 것이지만)이었다는 역사적 사실 자체가 그러한 공산당계 수록자의 높은 비율을 설명해주는 것으로 봐야 할 것이다.

한편, 비공산당계 피총살자는 모두 42명의 수록자에 대해 소속 조직을 알 수 있었다. 이들 가운데 드골파 레지스탕스 조직 소속과 비공산당계 레지스탕스 군사조직인 '비밀군' 소속이 각각 9명으로 가장 많았다. 다음으로는 '콩바'(Combat), '북부해방'(Libération-Nord), '인류박물관'(Musée de l'Homme) 등 비공산당계 레지스탕스 운동 조직 소속이 7명, 비드골파 정보망 조직과 가톨릭 운동 조직이 각각 5명, 국내 레지스탕스 통합 군사 조직인 '프랑스국내군'(Forces françaises de l'intérieur, FFI)이 3명, 사회당 소속이 2명, 기타가 2명이었다.

7종의 서한집에 수록된 237명의 '피총살자' 가운데 정식 재판에서 사형을 선고받고 처형된 사람은 모두 191명이었는데, 이들은 언제 체포되어 언제 재판을 받고 언제 총살되었을까? 필자가 서한집들의 약력 소개와 피총살자 인명사전을 통해 분석한 바에 따르면, 이들 가운데 처형일을 알 수 있었던 사형수는 187명이었고, 재판(사형선고)일은 169명, 체포일은 178명에 대해 알 수 있었다. 첫 체포가 이루어진 1940년 11월부터 마지막 총살이 행해진 1944년 10월까지 이들의 월별 체포, 재판(선고), 처형 건수를 집계하여 도시한 것이 〈그래프 1〉이다.

이 그래프를 보면 몇 가지 경향이 눈에 띈다. 우선, 체포와 재판과 처형이 1941년 7월까지는 모두 대체로 월 1~2건에 머물다가 8월에 첫 정점(체포 7건, 재판 5건, 처형 8건)에 달한 이후, 등락을 반복하면서 전반적으로 증가하는 추세를 보였다. 두 번째 정점은 1943년 2월(처형 11건)과 1943년 7월(체포 10건)에 달했다가 체포, 재판, 처형 모두 1943년 가을부터 1944년 봄까지 마지막으로 최고 정점에 달했다. 체포는 1943년 10월·11월에 12건과 26건, 재판은 1943년 10월에 21건, 1944년 1월·2월·3월에 11건, 17건, 13건, 처형은 1943년 9월·10월에 11건과 17건, 1944년 2월·3월·4월에 23건, 11건, 16건 행해졌던 것이다.

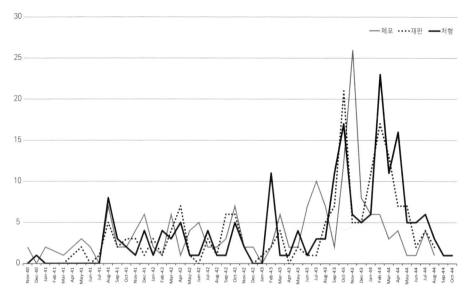

〈그래프 1〉 피총살자 서한집 수록자(사형수)의 월별 체포, 재판, 처형 건수(1940~1944)

사실, 이는 오직 7종의 서한집에 수록된 사형수들(187명)만으로 집계한 것이지만 독일 점령 당국의 탄압 전체를 분석한 다른 연구도 비슷한 추세를 보인다. 프랑스의 역사가 가엘 아이스만(Gaël Eismann)이 독일 강점기 4년 동안 독일 점령 당국의 군사재판소에서 벌어진 레지스탕스 재판을 분석한 바에 따르면 사형 건수는 1940년 6월부터 1941년 7월까지 162건, 1941년 8월부터 1942년 5월까지 493건, 1942년 6월부터 1943년 1월까지 458건, 1943년 8월부터 1944년 1월까지 461건, 1944년 1~4월에 약 600건이었다.[26] 이를 월평균으로 환산하면 1940년 6월~1941년

26) Gaël Eismann, "L'escalade d'une répression à visage légale: les pratiques des tribunaux du Militärbefehlshaber in Frankreich, 1940~1944," La répression en France 1940~1945,

7월 11.6건, 1941년 8월~1942년 5월 49.3건, 1942년 6월~1943년 1월 57.3
건, 1943년 8월~1944년 1월 76.8건, 1944년 1~4월 약 150건으로 해를 거
듭할수록 사형 건수가 증가하는 것을 알 수 있다. 월평균 사형 건수가
1941년 8월부터 거의 4배로 증가한 것이나 1944년 초에 다시 두 배로
급증하여 최고조에 달한 것은 모두 앞서 필자가 분석한 추세와 대체로
일치한다.

1941년 8월이 독일 점령 당국의 레지스탕스 탄압이 본격적으로 이
루어진 첫 분기점이 된 것은 1941년 6월 22일 독일의 소련 침공과 관련
이 깊다. 1939년 8월의 독소불가침조약으로 발이 묶였던 각국의 공산
주의자들이 이 침공을 계기로 본격적으로 항독 투쟁에 나섰던 것이다.
프랑스에서도 1941년 7월부터 공산당의 무장 레지스탕스 조직인 '특별
조직'과 '청년전투단'을 중심으로 독일군에 맞선 무장투쟁을 벌였다.
특히 1941년 8월 21일 파리의 바르베스-로슈슈아르(Barbès-Rochechouart)
지하철역에서 한 '공산주의청년동맹' 간부가 독일 해군 사관후보생을
암살한 사건이 점령군 당국의 무자비한 탄압이 시작되는 한 분기점이
되었다.[27]

이후 점차 레지스탕스에 대한 체포·재판·처형의 규모가 증가한 것
은 갈수록 레지스탕스의 규모가 커지고 무장투쟁 역시 점점 더 활발해
졌다는 것, 그리고 연합군과의 전투에서 갈수록 독일군의 전황이 불리

Caen: Centre de Recherche d' Histoire Quantitative, 2007, pp. 95, 97, 100~101, 103.

27) Jean-Pierre Besse et Thomas Pouty, Les fusillés. Répression et exécutions pendant
l'Occupation(1940~1944), Paris: Les Éditions de l'Atelier, 2006, p. 142; Michel de
Boüard, "La répression allemande en France de 1940 à 1944," Revue d'Histoire de la
Deuxième Guerre mondiale, n°54, 1964, p. 80; La vie à en mourir, 2003, p. 10.

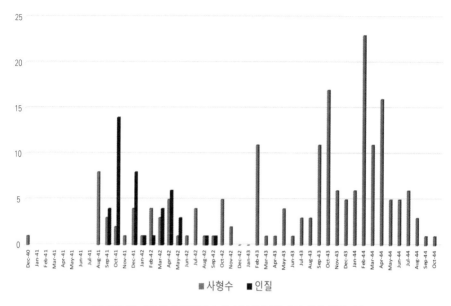

<그래프 2 > 피총살자 서한집 수록자(사형수/인질)의 월별 처형 건수

하게 돌아간 것과 관련이 깊다. 앞서 보았듯이 1943년 2월에 처형이 급증(11건)한 데는 2월 초 동부전선에서 독일군이 첫 결정적인 패전(스탈린그라드 전투)을 겪은 사건이 크게 작용했다. 1944년 1/4분기에 탄압의 규모가 최고점에 달했던 것은 독일군이 갈수록 수세에 몰리고 조만간 연합군 상륙(6월 초의 노르망디 상륙작전)까지 앞둔 말기적 상황에 연유하는 것으로 봐야 할 것이다.

한편, 〈그래프 2〉는 서한집들에 수록된 인질 피총살자 43명의 처형일을 월별로 집계하여 앞서 본 187명의 사형수 피총살자와 함께 그래프로 나타낸 것이다. 이 그래프 역시 1941년 여름 이후 점령 당국의 탄압이 극심해졌음을 잘 보여준다. 나아가 1941년 가을부터 1942년 봄까지는 인질로 처형된 피총살자가 사형을 선고받고 처형된 사람보다 오히려 더 많았음을 보여준다. 특히 1941년 10월과 12월에는 (서한집 수록자 중) 총살된 사형수가 각각 2명과 4명이었던 데 비해 인질 피총살자는 같은 달에 무려 14명과 8명에 달했던 것이다.

사실, 대규모로 인질을 처형하는 것은 나치 독일의 공식적인 정책의 일환이었다. 앞서 언급한 1941년 8월의 바르베스 지하철역 사건 이후, 독일 국방군 총사령관인 빌헬름 카이텔(Wilhelm Keitel) 원수는 9월 16일 각국 점령 영토 사령관들에게, 독일군 한 명이 피살될 때마다 50~100명의 공산주의자를 처형해야 한다는 히틀러의 지시를 전달했다. 이에 따라 프랑스의 점령군 사령관 오토 폰 슈틸프나겔(Otto von Stülpnagel) 장군은 9월 30일, 이제부터 독일 당국이나 프랑스 당국에 의해 수감된 모든 프랑스인이 인질이 될 수 있으며 총살할 인질의 명단을 작성해야 하고 점령군 당국이 총살 명령을 내릴 경우 즉각 그 지시가 이행되어야 한다는 '인질 규정'을 발표했던 것이다.[28]

이러한 규정은 즉각 이행되었다. 1941년 10월 20일 3명의 '청년전투단' 단원이 낭트 지역 독일군 사령관을 암살하자 이틀 뒤 독일군 당국은 프랑스 전국에서 48명의 인질을 총살했다. 낭트에서 16명, 샤토브리앙(Châteaubriant)에서 27명, 몽발레리앙에서 5명이 총살되었는데, 서한집들에 수록된 14명도 바로 그날 총살된 사람들(낭트에서 4명, 샤토브리앙에서 10명)이었다. 이틀 뒤인 10월 24일에는 보르도 부근에서 50명의 인질이 추가로 처형되었다. 두 달 뒤인 12월 15일에는 95명의 인질(몽발레

---

28) de Boüard, "La répression allemande," pp. 80~81.

리앵에서 69명, 지방에서 26명)이 처형되었는데, 그 가운데 8명의 마지막 편지가 서한집들에 수록되었다.[29]

미셸 드 부아르(Michel de Boüard)의 연구에 따르면 1941년 9월부터 1942년 5월까지 처형된 인질의 수는 약 500명에 달했다. 그 이후에도 1942년 8월에는 파리의 장-부앵(Jean-Bouin) 경기장 등에서 독일 군인들에 대한 공격(31명 사망)이 이루어진 데 대한 보복으로 88명의 인질이 총살당했고, 9월에는 파리의 영화관 '렉스'(Rex)에서 58명의 독일군 장교를 죽거나 다치게 한 사건에 대한 보복으로 116명의 인질이 처형되었다.[30]

앞서 '독일군 한 명당 50~100명의 공산주의자 처형'이라는 히틀러의 지시를 언급했는데, 실제로 이들 인질 피총살자의 대부분은 공산당원이거나 공산당계 투사였다. 필자가 집계한 43명의 인질 수록자 가운데 35명(81.4%)이 그러한 범주였는데, 이 비율은 전체 수록자 가운데 공산당계 피총살자가 차지한 비율(69.6%)보다 훨씬 높은 것이었다.

끝으로, 인질이든 사형수든 이들은 어디서 어떻게 처형당했을까? 파리 서부 교외에 위치한 몽발레리앵에서 총살된 사람들이 가장 많았다. 모두 101명의 서한집 수록자(42.6%)가 1941년 8월부터 1944년 6월까지 이곳에서 총살당했다. 몽발레리앵 공식 사이트에 따르면 강점기 4년 동안 그곳에서 레지스탕스라는 이유로 처형당한 사람은 모두 1,008명이었다.[31] 그야말로 독일강점기 프랑스 최대의 처형장이

---

29) La vie à en mourir, 2003, p. 11, 67.

30) de Boüard, "La répression allemande," p.81; Cameron, dir., Le Mont-Valérien, p. 226.

31) Le Mont-Valérien - Haut lieu de la mémoire nationale, "Historique de la constitution de la

몽발레리앵의 처형장. 독일강점기 4년 동안 이곳에서 가장 많은 프랑스인이 처형당했다. 이 사진은 1944년 2월에 독일의 한 하사관이 몰래 찍은 것으로, 몽발레리앵에서 총살이 행해지던 모습을 찍은 현존하는 유일한 사진이다.

었다.

다음으로는 리옹 교외에 위치한 빌뢰르반(Villeurbanne)의 군사 훈련장이 많았다. 이곳에서 17명의 사형수 수록자가 총살되었다. 슈아젤(Choisel) 수용소가 있는 샤토브리앙 지역에서는 모두 12명의 수록자가 총살되었다. 12명 모두 인질로 처형된 사람들로, 이 가운데 10명은

------

liste des fusillés," http://www.mont-valerien.fr/parcours-de-visite/le-monument-en-hommage-aux-fusilles/la-liste-des-fusilles(검색일: 2020년 12월 18일).

1941년 10월 22일, 2명은 12월 15일에 총살되었다. 파리의 공군부 사격장에서는 11명, 브장송 요새에서는 8명이 총살되었는데 이들 모두 사형수였다. 그 밖에 낭트의 벨(Bêle) 사격장에서 7명(5명이 인질), 아라스(Arras) 성채에서 5명, 파리 서부 교외의 이시레물리노 사격장에서 4명이 총살되었다.

사실, 모든 서한집이 '피총살자'를 제목으로 내걸었지만 모든 처형이 총살형이었던 것은 아니었다. 특히, 점령 당국의 독일군사재판소가 아니라 비시 정부의 프랑스 민간재판소에서 사형선고를 받은 경우, 총살이 아니라 단두대형에 처해졌다. 모두 6명의 서한집 수록자가 그렇게 단두대에서 죽음을 맞이했다. 그 외에도 1명의 여성 레지스탕스 대원(France Bloch-Sérazin)은 파리의 독일군사재판소에서 사형을 선고받았음에도 함께 재판을 받고 총살된 18명의 동료 남성 대원들과 달리 홀로 독일로 끌려가 함부르크 감옥에서 참수되었다.[32] 또한 1명의 코르시카 지역 '민족전선' 활동가(Jean Nicoli)는 그 지역을 관할한 이탈리아 군사재판소에서 사형선고 받은 뒤에 바스티아(Bastia) 감옥에서 참수되었다.[33]

'프랑스 만세!'에서 유언장까지

독일강점기 프랑스의 사형수들과 인질들은 총살당하기 직전에 부모, 형제, 자녀, 배우자, 친구 등에게 보내는 작별 편지에서 구체적으로

---

32) *La vie à en mourir*, 2003, pp. 214~215.
33) *Ibid.*, pp. 230~231.

무슨 내용을 썼을까?

이들은 거의 언제나 자신이 처형된다는 사실을 불과 몇 시간 전에야 갑작스럽게 통보받았다. 사형수들의 경우 이미 재판에서 사형을 선고받은 상태이지만 선고일로부터 처형일까지의 간격은 매우 짧았고, 상당수는 자신의 사면 청원이 받아들여지기를 기대했기 때문에 더더욱 그러한 통보는 충격으로 받아들여졌다. 필자가 분석한 바에 따르면 재판(선고)일과 처형일 둘 다 알려진 수록자 178명 가운데 무려 146명(82%)이 사형을 선고받고 나서 한 달 이내에 총살되었다. 이 가운데 선고받고 1~3일 뒤에 총살된 사형수도 28명이나 되었고, 심지어 재판에서 사형을 선고받은 당일 바로 처형된 이도 8명이나 되었다. 이는 그만큼 점령 당국의 탄압이 가혹했음을 말해준다. 또한 마지막 편지에서 자신의 사면 청원이 거부되었다는 사실을 언급한 사형수가 39명이나 되었고, 13명은 사면에 대한 기대와 희망을 명시적으로 밝혔다. 오직 두 명만 사면에 대한 환상을 갖지 않는다고 썼다.

편지의 서두는 대체로 자신의 사형선고와 사면 거부 및 총살 소식을 밝히는 내용이 주를 이루었다. 60명은 자신이 재판에서 사형을 선고받은 사실을, 13명은 인질로 처형된다는 소식을 알렸다. 77명은 자신이 방금 통보받은 정확한 총살 시각까지 적었다. 오후 3시와 4시가 가장 많았다(47명). 자신이 총살될 것이라는 사실과 그 시각을 통보받고 나서 마지막 편지를 쓰는 순간은 그야말로 총살되기 직전이었다. 50명이 자신이 몇 시간 뒤에 죽게 될지를 편지에 썼는데 "1~2시간 뒤"가 14명, "3~4시간 뒤"가 7명, "몇 시간 뒤"가 13명이었다. 심지어 3명은 "반 시간 안에", 그리고 4명은 "몇 분 뒤에" 처형대에 설 것이라고 밝혔다.

이들이 부모나 배우자, 형제, 자녀 등에게 보낸 마지막 편지들에서 가장 많이 발견된 표현은 무엇일까? 조국을 위해 죽는다거나 '프랑스 만세!'가 아니라 "힘내라."라는 것이었다. 237명 가운데 총 143명(60.3%)이 그러한 표현을 썼고, 이들의 편지에서 그러한 표현은 모두 318회나 등장했다. 이들은 마지막 순간에 (적어도 편지에서는) 두려움에 떨기보다는 주변 사람들, 계속해서 살아갈 사람들을 안심시키고 위로하고 힘을 북돋아주는 데 더 신경썼던 것이다. 자신 역시 "용기 있게 죽는다."라고 밝힌 사람이 92명에 달했고, 자신은 "죽음이 두렵지 않다."라거나 "평온히 죽는다."라고 쓴 사람이 각각 47명과 35명이었다.

또한 많은 이들이 자신의 삶과 죽음에 정당성을 부여하는 발언을 했다. 51명의 피총살자가 자신의 삶에 대해서든 죽음에 대해서든 "후회 없다."라고 썼고, 31명이 자신의 죽음이 헛된 죽음(혹은 헛된 희생)이 아님을 강조했다. 24명은 자신이 무죄이며 잘못이 없고 범죄자나 악인이 아니라고 주장했다. 32명은 자신의 의무를 다했다고 밝혔는데 그 가운데 6명은 '프랑스인으로서의' 의무를 다했다고 썼고, 3명은 '군인으로서의' 의무를 다했다고 썼다. 자신의 인생 전반에 대해 자부심을 드러낸 이도 42명이나 되었다. 그 가운데 12명은 정직성을 강조했고("나의 삶은 올바르고 정직했다.", "정직한 노동자", "난 언제나 정직했다."), 18명은 사회 진보를 위한 투사로 살아왔음을 강조했다. 일례로 51세의 한 전기공 출신 FTP 대원(Paul Meubry)은 자신이 "국제 자본주의에 맞서서 임금 생활자들의 처지 개선과 복지를 위해 헌신한 투사"였다고 썼고,[34] 31세

---

34) *Lettres de fusillés du Mont-Valérien*, p. 176.

의 기계공 FTP 대원(E-L. Champion)은 자신이 "모든 근면한 인류의 미래를 위해, 야만성과 노예제에 맞선 진보를 위해" 열심히 살아왔다고 썼다.[35] 6명은 자신이 애국자임을 강조했다("나 같은 애국자", "내 나라와 자유에 기여", "내 나라에 훌륭히 봉사"). 3명은 다시 태어나도 같은 길을 걸을 것이라고 밝혔다. 따라서 이러한 당신의 아들·남편·아버지를 "자랑스러워해라."라고 쓰거나(28명) "부끄러워하지 마라."라고 당부했다(19명). 17명은 자신이 이제 "고개를 들고" 죽으러 간다고 썼다.

한편, 어떤 이들은 자신의 죽음에 절대적 정당성을 부여하기보다는 다른 종류의 죽음들에 비해 상대적으로 낫다고 부모나 배우자를 위로했다. 6명은 전선에서 죽는 군인들보다 낫다고 말했고("군인이었다면 훨씬 더 무명으로 죽었을 것"[36]), 4명은 병으로 죽는 것보다 낫다고 썼다("나라를 배반하며 병으로 늙어 죽는 것보다 낫다."[37]). 3명은 사고사보다 낫다고 위로했다("사고사보다 총살로 죽는 게 더 낫다."[38]).

또 어떤 이들은 자신의 죽음에 적극적인 의미를 부여하기보다는 자신을 죽음으로 몰고 간 것이 '전쟁'이라는 특별한 상황 자체라고 썼다(14명). "내게서 목숨을 앗아간 유혈의 이 전쟁"[39]이라든가 "우리 운명의 원인은 가증스런 전쟁",[40] "선고가 약간 무겁다고 느끼지만 그게 전쟁

---

35) *Lettres de fusillés*, 1946, p. 40.
36) *Ibid.*, p. 253.
37) *Ibid.*, p. 96.
38) *Ibid.*, p. 72.
39) *Ibid.*, p. 40.
40) *La vie à en mourir*, 2003, p. 121.

의 법"[41] 같은 표현들이 이에 해당한다.

하지만 훨씬 더 많은 이들은 자신이 무엇을 위해, 그리고 어떤 사람으로 죽는지 그 적극적인 의미를 명확히 밝혔다. 역시 가장 많은 수(50명)의 피총살자들은 프랑스(혹은 "조국", "내 나라")를 위해 죽는다고 선언했다. 그중에 어떤 이들은 "프랑스가 살기 위해" 죽는다고 밝혔고(3명), "프랑스가 자유로워지기 위해"(4명) 혹은 "프랑스가 행복해지기 위해"(2명) 죽는다고 쓴 이들도 있었다. 어떤 이는 "자유롭고 강하고 행복한 프랑스"를 위해 죽는다고 선언했다.[42]

다음으로는 24명의 피총살자가 자신의 이상理想, 대의, 신념, 사상을 위해 죽는다고 밝혔다. "가장 크고 가장 경이로운" 이상,[43] 우리의 고귀한 이상을 위해, 아름답고 정당한 대의를 위해 죽는다는 것이었고, 다음으로 많은 수를 차지한 것은 '행복'을 위해 죽는다는 것이었다(9명). "당신들의" 행복, "모든 아이들과 모든 엄마들"의 행복,[44] "세계 젊은이들"의 행복,[45] "인민의 행복"[46]을 위해 죽는다고 썼다. 그 밖에 '자유'(4명), '당'(2명), '노동자 해방', '신', '교회, 교구, 본당', '코르시카', '내 나라와 내 계급' 등 자신이 목숨을 바치는 대상(혹은 목표)은 다양했다.

서한집에 수록된 피총살자들 대부분이 레지스탕스 투사였고 이들의 기본 목표가 조국 프랑스의 해방이었으므로 프랑스를 위해 죽는다

---

41) *Ibid.*, p. 301.

42) *Lettres de fusillés*, 1946, p. 62.

43) *Ibid.*, p. 40.

44) *La vie à en mourir*, 2003, p. 312.

45) *Lettres de fusillés*, 1946, p. 152.

46) *Ils animaient la vie*, p. 20.

는 선언이 가장 많았던 것은 당연하다 할 것이다. 마찬가지로 어떤 자격으로 죽느냐는 문제에서는 '프랑스인으로' 죽는다는 선언이 가장 많았다(28명). 그 가운데 6명은 "진정한" 프랑스인으로, 5명은 "좋은" 프랑스인으로 죽는다고 밝혔다. 다음으로는 국민 대부분이 가톨릭교도인 나라답게 '기독교인으로' 죽는다는 선언이 많은 수를 차지했고(20명), 세 번째로 많은 수를 기록한 것은 '군인으로' 죽는다는 것(16명)이었다. 실제로 많은 수의 레지스탕스 대원들은 (무장투쟁을 하든 아니든) 자신을 프랑스의 해방을 위해 싸우는 군인으로 간주했다. 그 밖에 '공산주의자'로 죽는다는 사람이 4명, '인간'[혹은 '남자'(homme)로 번역할 수도 있다.]으로 죽는다는 사람이 3명이었다.

그러면 이들이 총살당하기 직전에 쓴 이 편지들에서 마침표를 찍기 전에 마지막으로 작별인사를 하며 가장 많이 외친 구호는 무엇이었을까? 다름아닌 "프랑스 만세!"였다. 237명의 서한집 수록자 가운데 61명(25.7%)이 이 구호를 모두 74회 외쳤다. 피총살자 4명 가운데 한 명이 "프랑스 만세!"를 외쳤던 셈이다. 이들 가운데 두 명은 "자유 프랑스 만세"를, 한 명은 "자유 독립 프랑스 만세"를 외쳤고, 그 밖에 "자유롭고 행복한" 프랑스 만세, "우리의 아름다운" 프랑스 만세, "노동자와 농민의" 프랑스 만세를 외친 사람도 있었다. 25세의 한 FTP 대원(Alfred Dequéant)은 "자유롭고 강하고 행복하고 무패의" 프랑스 만세를 부르짖었다.[47]

다음으로 많이 외친 것은 "공산당 만세!"였다. 모두 9명이 '프랑스공

---

47) *Lettres de fusillés*, 1946, p. 63.

산당'이나 '공산당', '위대한 공산당', '투사들의 당' 만세를 외쳤다. 그 밖에 "자유 만세"와 "신 만세"를 각각 3명의 피총살자가 외쳤고, "공산주의 만세"와 "싸우는 인민 만세"를 외친 사람이 각각 두 명이었다. 그 외에 "소련과 그 연합국들 만세", "국제 프롤레타리아 만세"를 외친 사람도 있었고, 자신의 지역(이브리, 알자스, 코르시카 등) 만세를 외친 사람도 있었다.

21세의 한 이탈리아계 공산주의자 광부(Guido Brancadora)가 "독일 인민과 내일의 독일" 만세를 외친 것[48]과, 역시 21세의 한 법대생(Jean-Claude Chabanne)이 (비시 정부를 이끈) "원수님" 만세를 외친 사례[49]는 특기할 만하다. 전자는 프롤레타리아 국제주의에 따른 것인 동시에 독일 민중이 아니라 나치 독일 정부가 문제라는 것을 암시하는 것으로 볼 수 있고, 후자는 강점기 초기 레지스탕스 일부가 페탱(Pétain) 원수에 대해 지닌 여전한 신뢰를 보여주는 것으로 해석할 수 있을 것이다.[50]

이상에서 소개한 사례들 대부분(26명 중 22명)은 그러한 구호들만 외친 것이 아니라 "프랑스 만세!"와 함께 외쳤다는 점을 간과해서는 안 될 것이다. 공산당이든, 신이든, 자유든 언제나 '프랑스'라는 가치(종종 보다 우선한)와 병행했던 것이다.

또한 많은 피총살자들이 승리와 밝은 미래에 대한 낙관과 확신을 표명했다. 우리가 반드시 승리할 것이고, 그 승리가 가까워졌으며, 더

---

48) *La vie à en mourir*, 2003, p. 161.

49) *Ibid.*, p. 129.

50) 독일강점기 초기 프랑스에서 일부 레지스탕스가 보였던 친親 비시 – 친 페탱 성향에 대해서는 이용우, 8장 「초기 레지스탕스의 비시 – 페탱 인식」, 『미완의 프랑스 과거사』, 푸른역사, 2015를 보라.

나은 세상이 도래할 것이라고 편지에 쓴 이가 51명이나 되었다. 전쟁에서의 승리든 내 이상과 대의의 승리든 '승리'에 대한 확신을 표명한 이가 23명이었고, '더 낫고 아름다운 세상'이 찾아올 것을 확신한 이와 '행복한 미래'를 거론한 이가 각각 11명이었다. 그 밖에 임박한 종전(6명), '해방'(5명)과 '평화'(4명), '자유'(2명)와 '정의'(2명) 등이 미래에 대한 낙관 표명에서 언급되었다.

이를테면 인질로 처형된 36세의 한 공산당 투사(Félix Cadras)는 "나의 사랑하는 자식들이 모든 구속으로부터 해방된 세상에서 행복한 유년기와 청년기를 보낼 것이라 확신"한다고 썼고,[51] 42세의 한 FTP 대원(Eugène Clotrier)은 자신의 딸들에게 "이 끔찍한 전쟁이 끝나고 도래할 체제는 너희들에게 우호적이고, 미래는 보다 아름다울 것"이라고 썼다.[52]

승리에 대한 확신은 특히 제2차 세계대전에서 전황의 추세를 바꾼 한 분기점이 된 스탈린그라드 전투(1943년 2월 2일 독일군의 항복) 이후 더욱 커졌던 것으로 보인다. 1943년 1~2월에 편지를 쓴 4명의 피총살자가 스탈린그라드 전투를 직접 언급하거나 강력히 암시하면서 승리에 대한 확신을 표명했던 것이다. 1943년 1월 23일 여성 공산주의 투사 다니엘 카사노바(Danielle Casanova)는 아우슈비츠로 이송되기 전날 쓴 편지에서 스탈린그라드 전투를 언급하면서 "우리의 이상은 승리할 것"이라고 썼고,[53] 같은 해 2월 8일 두 고교생(Jacques Baudry, Pierre Grelot)은 총살

---

51) *La vie à en mourir*, 2003, p. 167.
52) *Lettres de fusillés*, 1946, p. 56.
53) *Lettres de fusillés*, 1958, p. 50.

직전의 편지들에서 스탈린그라드 승전 사실을 암시하면서 "우리는 완전한 승리 속에서 죽을 것"이라고 썼다.[54] 41세의 FTP 대원 로베르 아멜(Robert Hamel)은 자신이 "스탈린그라드 패전이 발표된 날" 선고를 받았기 때문에 사면 청원이 받아들여지기에는 불리한 분위기라고 쓰면서 "현재 그리도 가까워진 우리의 승리"를 보지 못하고 죽는 데 안타까움을 표했다.[55]

한편, 당연한 얘기지만 모두가 자신의 죽음을 담담하게 받아들이지는 않았다. 어떤 이들은 자신이 너무 젊었을 때 죽는 것을 안타까워했고, 자신의 행위에 비해 처벌이 너무 무겁다고 느꼈으며, 인질로 처형되는 경우 자신이 행하지 않은 것의 대가를 대신 치러야 하는 상황에 분개했다. 특히 인질로 선정되어 총살당하는 경우 당혹스러움과 분노나 고통이 더욱 컸다. 이상의 범주에 해당하는 표현들은 모두 21명에게서 발견되었는데 그중에 10명이 인질로 처형된 사람들이었다.

1941년 12월 15일 인질로 총살된 43세의 전직 공산당 부시장이었던 조제프 다리에(Joseph Darriet)는 자신에게 내려진 처벌의 사유를 전혀 모르며 처형 통보를 듣고 "아연실색"했고, 그에 반대해서 아무것도 할 수 없었다고 그 충격과 무력감을 여과 없이 표현했다.[56] 또한 34세의 공산당 시의원 출신 유대인 의사 모리스 테닌(Maurice Ténine)은 자신이 "저지르지 않은 범죄"로 인해 독일인들에게 처형된다고 썼고,[57] 37세의 문학

54) La vie à en mourir, 2003, pp. 201, 205.

55) Ibid., pp. 209, 211.

56) La vie à en mourir, 2006, pp. 106, 108; Pennetier et al., dir., Les fusillés(1940~1944), p. 496.

57) La vie à en mourir, 2006, p. 85.

1부 서한집의 역사 | 47

교사 레옹스 라발(Léonce Laval)은 자신이 "내가 단호히 거부한 행동 방식을 취한 당과 무관"하며 "한쪽 사람들의 어리석음과 또 다른 쪽 사람들의 가혹함의 희생자"로 죽는다고 밝혔다.[58]

필자가 분석한 237명의 피총살자 중 꽤 많은 수가 무장투쟁에 직접 가담하거나 그러한 행동 방식을 지지한 공산당계 레지스탕스 대원들이었는데, 그러한 행위를 "범죄"나 "어리석음"으로 표현하고 "단호히 거부"까지 한다는 것이어서 이러한 서한들은 특히나 이례적이고 주목할 만하다. 23세의 한 공산주의자 의대생(Henri Bannetal)이 "어떤 무정부주의자가 저질렀을 테러 행위", "분별없는 행위"의 대가를 자신이 치른다고 쓴 것 역시 같은 맥락에 속한다.[59] 이상의 사례들은 독일강점기 프랑스에서 일부 공산주의자들은 공산당의 공식적인 무장투쟁 노선(특히 독일 군인들에 대한 테러 전술)에 동의하지 않았거나 그것이 자당自黨의 정책인지조차 몰랐을 가능성을 시사한다.

또한 인질로 처형당하든, 사형수로 죽든, 모두 10명의 피총살자가 자신이 너무 어린 나이에 생을 마감하는 것에 안타까움을 표했다. "17살 반, 내 인생은 짧았어요."(Guy Môquet),[60] "난 이런 식으로 죽으리라고는 전혀 생각지도 못했다. 난 어리다."(Georges Geoffroy, 19세),[61] "내 인생은 짧았어요. 난 스무 살에 불과해요."(Frédéric Creusé),[62] "내 인생

58) *Lettres de fusillés du Mont-Valérien*, pp.144~146; Cameron, dir., *Le Mont-Valérien*, pp. 226, 229.

59) *Lettres de fusillés du Mont-Valérien*, pp. 86~87.

60) *La vie à en mourir*, 2003, p. 85.

61) *Ibid.*, p. 285.

62) *Ibid.*, p. 68.

이 이렇게 갑자기 끝나리라고는 생각하지 않았을 것이다."(Jean-Paul Grappin, 21세)[63] 등이 그러한 예에 속한다.

그러면 자신들을 재판하여 사형선고를 내리고 총살할 독일인들에 대해 이 피총살자들은 어떠한 생각과 감정을 가졌고 마지막 서한들에서 어떻게 표현했을까?

자신을 죽게 한 이 독일인들을 전혀 증오하지 않으며 용서할 것이고 원한을 품지 말라고 쓴 사람들이 총 18명으로, 증오를 표명하고 원수 갚기를 촉구한 사람 수(10명)의 거의 두 배에 달했다. 이들은 독일인들이 그들의 의무를 수행했을 뿐이므로(Charles Biou, Boris Vildé, Jean Santopietro) 자신을 재판한 사람들을 증오해서는 안 되며(Biou), 자신의 죽음이 독일을 증오하는 구실이 되어서는 안 된다고(Vildé) 썼다.[64] 18세의 FTP 대원(Jean Camus)은 "내게 고통을 준 모든 자를 용서"한다고 썼고,[65] 19세의 '청년전투단' 대원(Fernand Zalkinow)은 "누구에 대해서도 증오를 느끼지 않는다."라고 밝혔다.[66] 7종의 서한집 모두에 수록된 유일한 인물인 38세의 FTP-MOI 간부 미사크 마누시앙(Missak Manouchian) 역시 "독일 인민을 전혀 증오하지 않"으며 "내게 고통을 주었거나 주기를 원한 모든 사람들을 용서"한다고 당당히 선언했다.[67]

반면에 10명의 피총살자들은 '사형집행자들'에 대한 증오를 표하고 자신의 원수를 갚아줄 것을 당부했는데, 주목할 만한 것은 이들 가

63) *Ibid.*, p. 274.
64) *Ibid.*, p. 125; *La vie à en mourir*, 2006, pp. 223, 235.
65) *Lettres de fusillés*, 1946, p. 318.
66) *La vie à en mourir*, 2003, p. 146.
67) *Ibid.*, pp. 287~288.

운데 4명은 원수를 갚을 대상으로 지목한 것이 독일인들이 아니라 프랑스 경찰관들이거나 조직 내 배반자들이었다는 점이다. 1943년 말에 프랑스 경찰에 체포되었다는 기록만 남아 있는 어느 피총살자(André Chenot)는 자신의 동생에게 원수를 갚아달라고 부탁하면서 "나를 독일인들에게 넘긴 것은 프랑스인"이라고 밝혔다.[68] 이름조차 안 알려진 또 다른 사형수는 아내에게 "당신 앞에서 나를 체포하고 사슬로 묶은 그자들", "우리를 학대하고 채찍질한 뒤에 독일인들에게 넘긴" 프랑스 경찰관들을 절대 잊지 말고 용서하지 말라고 당부했다.[69] 자신들을 체포하고 독일 측에 넘긴 프랑스 경찰과 레지스탕스 조직 내 밀고자 둘 다를 지칭할 수 있는 '배반자'라는 표현도 세 명의 서한들에서 발견되었다.[70]

바로 앞에서 모든 가해자를 용서한다고 쓴 인물로 인용한 마누시앙 역시 이러한 프랑스인 배반자들은 용서하지 못하겠다고 말한 점은 주목할 만하다. 즉, 마누시앙은 자신에게 고통을 준 모든 사람들을 용서한다는 문구 바로 다음에 "단, 자신의 목숨을 구하기 위해 우리를 배반한 자와 우리를 팔아넘긴 자들은 제외하고"라고 덧붙였던 것이다. 더욱 흥미로운 점은, 필자가 분석한 7종의 서한집에 유일하게 모두 실린 이 서한에서 바로 이 부분이 1946, 1958, 1970년의 서한집들에서는 누락되었다는 것이다.[71] 1946년의 서한집은 공산당계 무장 레지스탕스 조직

---

68) *Lettres de fusillés*, 1946, p. 48.

69) *La vie à en mourir*, 2006, p. 188.

70) *La vie à en mourir*, 2003, p. 278; *Lettres de fusillés*, 1946, p. 26, 56.

71) *Lettres de fusillés*, 1946, p. 146; *Lettres de fusillés*, 1958, p. 73; *Lettres de fusillés*, 1970, p. 119.

인 FTP가 발간한 것이고 1958년과 1970년의 서한집은 공산당계 출판사가 간행한 것이어서 프랑스공산당이 무언가를 숨기려 한 것이 아니냐는 논란이 제기되었다.

이는 1985년에, 마누시앙이 이끈 파리 지역 FTP-MOI를 다룬 다큐멘터리 영화(《은퇴한 '테러리스트들'》)의 TV 방영 문제를 계기로 벌어진 논쟁, 즉 '마누시앙 그룹'이 붕괴하는 데 공산당 지도부가 모종의 역할을 한 게 아니냐는 의혹이 제기되었을 때(이른바 '마누시앙 사건') 그 의혹을 뒷받침하는 증거로 제시되기도 했다.[72] 바로 "우리를 팔아넘긴 자들"이 프랑스공산당 지도부를 가리킨 것이 아니냐는 것인데, 필자가 보기에는 오히려 마누시앙을 비롯한 FTP-MOI 대원들을 체포하여 독일 점령 당국에 넘긴 프랑스 경찰들을 가리킨 것으로 봐야 한다는 역사가들의 해석이 더 타당해 보인다.[73]

마누시앙이 처형당하기 직전에 정확히 누구를 염두에 두고 그러한 표현을 썼든지 간에 공산당이 오랫동안 자신의 서한집들에 '자체 검열'된 편지를 실었던 것은 사실이고, 이는 그 자체로 비판받아야 할 것이다. 마누시앙의 서한은 바로 그 '마누시앙 사건' 논쟁이 터진 1985년에 발간된 서한집에서 비로소 처음으로 전문全文이 실렸다.[74]

---

72) 이에 대해서는 이용우, 3장 「망각에서 스캔들로: 파리의 외국인 레지스탕스」, 『레지스탕스 프랑스』, 푸른역사, 2019를 보라.

73) Adam Rayski, "Qui a trahi Manouchian?," *L'Histoire*, n 81, 1985, p. 98.

74) 필자가 7종의 서한집들에 수록된 마누시앙의 편지들을 비교 검토한 바에 따르면 1946, 1958, 1970년의 서한집에 실린 마누시앙의 편지에서는 본문의 총 네 군데와 추신이 누락되었다가 1985년판부터 전문全文이 온전히 실렸다. *Lettres de fusillés*, 1946, pp. 145~146; *Lettres de fusillés*, 1958, pp. 72~73; *Lettres de fusillés*, 1970, pp. 117~119; *Ils animaient la vie*, pp. 103~104; *La vie à en mourir*,

한편, 프랑스 경찰관들에 체포되어 구타당하고 고문당하는 모습은 여러 편지들에서 발견되었다. 필자가 피총살자 인명사전과 서한집의 피총살자 소개 글들을 통해 집계한 바에 따르면 적어도 86명의 피총살자 수록자가 프랑스 경찰관들에게 체포된 것으로 나타났다. 그 가운데 적어도 41명은 레지스탕스 탄압 기구로 악명 높은 '특별수사대'(Brigade spéciale, BS)에 의해 체포된 것으로 기록되었다. 나머지 수록자들 대부분도 독일군이나 독일 경찰에 체포된 것으로 기록된 것이 아니기 때문에 실제로는 꽤 높은 비율의 피총살자들이 프랑스 경찰에 체포되어 독일 점령 당국에 넘겨진 것으로 추정된다.

모두 8명의 피총살자가 마지막 편지들에서 프랑스 경관들의 가혹 행위를 묘사했다. 42세의 한 FTP 대원(Eugène Clotrier)은 나흘 동안 구타당했지만 전혀 발설하지 않았다고 말하면서 "우리를 때린 짐승들의 명단"을 밝혔는데 7명의 이름 모두 프랑스인이었다.[75] 33세의 FTP 대원 폴 티에레(Paul Thierret)는 1942년 5월 22일 자신이 "겪어야 했던 가장 끔찍한 장면"을 상세히 묘사했다. 세 명의 '특별수사대' 경관이 세 시간 동안 2인 1조로 돌아가면서 자신을 구타했고 그 과정에서 오른쪽 눈이 빠졌다. 6월 11일과 17일, 7월 14일에는 독일인들의 심문을 받았는데 그의 표현에 따르면 "프랑스인들에게 받아야 한 심문보다 나쁘지 않았다."[76] 21세의 화학과 대학생 앙드레 디즈(André Diez) 역시 1942년 6

2003, pp. 287~288; La vie à en mourir, 2006, pp. 250~251; Lettres de fusillés du Mont-Valérien, pp. 202~203.

75) Lettres de fusillés, 1946, p.52.

76) Ibid., pp. 177~178.

월 18, 19, 20일 사흘 연속으로 3~4시간씩 '특별수사대' 경관들로부터 구타당한 사실을 구체적으로 묘사했고,[77] 22세의 광부 조제프 들로벨(Joseph Delobel)도 1942년 4~5월에 15일 동안 매번 "구타로 넘어가기"가 수반된 "심문 중의 심문"을 받은 것을 묘사했다.[78] 두 사람(익명의 사형수와 Eugène Lafleur)은 프랑스 경관들의 "채찍질"을 증언했다.[79]

또한 모두 12명의 피총살자들이 자신들이 몇 달 동안 겪은 끔찍한 수감 생활에 대해 묘사했다. 12명 중에 10명이 배고픔을 얘기했고('하루에 세 차례의 수프',[80] '7시 주스, 정오 야채 수프, 오후 4시 주스'[81]), 6명이 독방 수감 사실(1명은 징벌방)을 언급했으며, 4명은 추위에 떨었다고 썼다. 어떤 이들은 하루 종일 등 뒤로 수갑을 차야 했고(4명), 어떤 이들은 발목이 굵은 사슬에 묶여 있었다(2명). 5개월 동안 독방에 수감되었던 FTP 지휘관 피에르 르비에르(Pierre Rebière)는 독일 감옥이 "바스티유보다 나빴다."라고 말하면서 수갑을 찬 채 빵을 뜯어 먹어야 했다고 증언했고,[82] 역시 FTP 간부였던 로베르 아멜(Robert Hamel)은 배고픔을 느끼지 않기 위해 24시간 중 20시간을 누워 있다고 썼다.[83]

그런데 여기서 의문이 생긴다. 이렇게 생생하고도 적나라하게 경찰관들의 가혹 행위나 고통스러운 수감 생활을 묘사한 것이 어떻게 점령

77) *Ibid.*, p. 64.
78) *Ibid.*, p. 57.
79) *La vie à en mourir*, 2003, p. 235; *La vie à en mourir*, 2006, p. 188.
80) *Lettres de fusillés*, 1946, p. 125.
81) *La vie à en mourir*, 2003, p. 210.
82) *Lettres de fusillés*, 1946, p. 157.
83) *La vie à en mourir*, 2003, p. 210.

당국의 검열을 무사히 통과하여 가족들에게 전달되었을까? 결론부터 말하자면 이러한 폭로를 담은 서한들 대부분은 정식으로 검열을 거쳐 가족들에게 전달된 것이 아니었던 것으로 보인다.

실제로, 자신이 등 뒤로 수갑이 채워져 있고 72시간 동안 굶어야 했다고 폭로한 FTP 대원 펠릭스 카드라(Félix Cadras)의 편지들은 그의 딸이 마지막 면회를 왔을 때 몰래 그녀의 외투 안감에 밀어 넣었거나, 손수건 위에 썼다가 처형당한 뒤에 가족에게 반환된 그의 외투 안감 속에서 발견되었다.[84] 또한 독일 감방에 오면서 "편지도, 소포도, 담배도, 내의도, 산책도 전혀 없었고" 매일 하루에 세 번 수프만 먹어야 했다고 아내에게 쓴 FTP 간부(Maurice Lacazette)는 편지 서두에 "당신에게 이 편지를 전해줄 용감한 사람들 덕분에" 자신의 소식을 겨우 알릴 수 있게 되었다고 밝혔다.[85]

이렇듯 서한집들에 실린 편지들 가운데 일부는 사후에 가족에게 반환된 옷 속에서 발견되거나, 나중에 풀려난 감방 동료나 교도관("용감한 사람들")에 의해 가족에게 전달되거나, 피총살자가 불특정 시민에게 전달을 부탁하는 문구와 집 주소를 적어서 감옥 밖으로 던지거나,[86] 처형장으로 끌려가는 트럭에서 던진 것이었다.[87] 22세의 마르세유 지역 항독 유격대 대원(Edgar Tarquin)은 총살되기 직전에 자신의 편지를 무덤 파는 인부에게 던졌다. 그 인부는 편지를 한 공산당 활동가에게 전달했

84) Ibid., pp.167, 170~171.
85) Lettres de fusillés, 1946, pp. 124~125.
86) La vie à en mourir, 2006, p. 93.
87) La vie à en mourir, 2003, p. 278.

고, 그 활동가는 해당 편지를 필사한 뒤에 자신의 지역 당 지도부에 보냈다.[88] 필자가 분석한 바에 따르면 그렇게 점령 당국의 검열을 피해 전달된 것으로 추정되는 사례가 모두 18건이었다.

물론, 대부분의 서한은 점령 당국의 철저한 검열을 거쳐서, 서한 작성자가 처형되고 나서 며칠 뒤나 몇 주 뒤에 가족에게 전달되었다(혹은 아예 전달되지 않았다.). 피총살자들 자신이 자신의 글이 검열받을 것을 알았다. FTP 간부 로베르 아멜은 재판에서 사형을 선고받은 직후 아내에게 "검열 때문에 편지가 도착하는 데 거의 보름이 걸릴 거야."라고 쓴 편지를 자신의 옷 안감들 사이에 몰래 넣어두었다.[89] 고교생 피에르 그를로(Pierre Grelot) 역시 어머니에게 보낸 편지에서 "독일의 검열 때문에 알리고 싶은 모든 것을 쓸 수 없으므로 엄마는 이 메시지를 승리(독일의 패전을 지칭 - 필자) 이후에나 읽을 수 있을 것"이라고 썼다.[90] 실제로 그를로의 편지에는 검열된 흔적이 여섯 군데나 발견되었다.[91]

필자는 그를로의 편지를 포함하여 모두 19명의 편지들에서 총 65군데의 검열 흔적을 발견했다. 7종의 서한집들 모두 검열 흔적을 그대로 실었다. 모두 8명의 서한에서 한 군데씩의 검열 흔적이 발견되었고, 6명에게서는 2~4군데, 4명에게서는 5~6군데, FTP 지휘관 피에르 르비에르의 편지에서는 무려 17군데의 검열 흔적이 발견되었다.[92]

---

88) Ibid., p. 233; Pennetier et al., dir., Les fusillés(1940~1944), p. 1,720.

89) La vie à en mourir, 2003, pp. 208~209.

90) Ibid., p. 204.

91) Ibid., pp. 204~206.

92) 1946년의 서한집에 르비에르의 편지는 모두 10통이 수록되었는데, 1942년 2월 15일부터 10월 1일까지 쓴 9통의 편지는 내용상 비밀리에 전달된 것으로

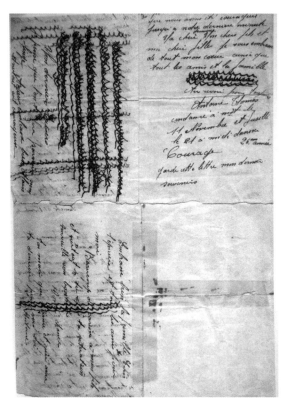
독일 점령 당국의 검열 흔적

　　독일 점령 당국은 사형수들(과 인질 피총살자들)의 마지막 편지들을 수합하여 검열을 한 뒤 유가족들에게 편지 원본을 보내거나, 그것을 다시 필사하거나 타자로 친 사본을 보냈는데, 원본에는 검열 과정에서 문

보이고, 오직 총살 당일인 10월 5일에 쓴 10번째 편지(유일하게 점령 당국을 거친)에만 17군데의 검열 흔적이 보였다. *Lettres de fusillés*, 1946, pp. 156~167.

제되는 부분을 검은 색으로 칠한 것이 그대로 보이기도 했다.[93] 사본의 경우 옮겨 쓰는(혹은 타자로 치는) 과정에서 검열 사실 자체가 누락되거나 은폐되기 쉬웠기 때문에 실제 검열은 드러난 것보다 훨씬 더 많았을 것으로 추정된다.

끝으로, 피총살자들의 마지막 서한은 유언장 역할을 하기도 했다. 13명은 자신의 재산을 누구에게 상속하거나 전후戰後에 연금을 요구하라는 내용의 당부를 했다. 특히 6명은 자신이 프랑스를 위해 죽은 군인이므로 전쟁이 끝난 뒤 연금을 받을 권리가 있으며 이를 정부에 요구하라고 썼다. 그중에 3명은 자신의 FTP 의용군 등록번호까지 적시했다.[94] 인질로 처형된 45세의 광부 포르튀네 뒤부아(Fortuné Dubois)는 자신이 "30년을 근무했고 그중 20년을 갱내에서 일했다."라고 밝히면서 자신이 광부로서 받게 되어 있는 연금을 아내가 50세가 되었을 때 받을 수 있도록 1909년부터 1941년까지 여러 회사에서 근무했던 이력을 상세히 적었다.[95] 19세의 비탈 드레(Vital Deray)는 "보잘것없는 유언"을 하겠다며 자신의 시계는 아버지, 카메라는 형, 자전거는 남동생에게 준다고 썼다.[96] 51세의 전기공 폴 뫼브리(Paul Meubry)는 자신의 "모든 소유물, 돈, 물건, 상속물"을 여자 친구에게 준다고 쓰면서 이 재산이 자신의 전처에게 절대 돌아가지 않기를 바란다고 덧붙였다.[97]

19세부터 43세까지의 남성 피총살자 19명은 자신의 배우자나 약혼

93) Krivopissko, "Présentation," La vie à en mourir, 2003, p. 29.

94) Lettres de fusillés du Mont-Valérien, pp. 183, 211; Lettres de fusillés, 1946, p. 53.

95) La vie à en mourir, 2003, pp. 149~150; La vie à en mourir, 2006, pp. 93~94.

96) La vie à en mourir, 2006, p. 227.

97) Lettres de fusillés du Mont-Valérien, pp. 176~177.

녀에게 새 남자("좋고, 정직하고, 당신을 행복하게 만들 줄 아는 남자"[98])를 만나기를 권고했다. 반면, 23세의 한 조선소 조립공(Joseph Prigent)은 아내에게 쓴 편지에서 "당신이 재혼할 것이라는 생각"에 너무도 슬프고 "질투"에 사로잡혔다고 토로하기도 했다.[99]

17명의 피총살자는 자신의 시신을 집 근처나 고향, 혹은 아버지나 어머니, 할아버지가 묻힌 곳 옆으로 이장해줄 것을 당부했다. 한편, 22세의 한 FTP 지역 지휘관(Paul Quillet)은 "가장 완벽한 망각이 내 마지막 소원"이라며 자신의 시신을 절대 찾지 말라고 썼다.[100] 6명은 상을 치르지 말기를 부탁했다. 20세의 FTP 대원(Henri Bajtsztok)은 그러한 의례가 자신의 이념에 반反하기 때문이라고 덧붙였다.[101]

레지스탕스 활동을 벌이다 체포되어 독일군사재판소에서 사형을 선고받고 총살당한 사람이든, 인질로 선정되어 처형된 사람이든, 레지스탕스 투사든 아니든, 공산당계든 비공산당계든, 우리는 어떠한 죽음에 대해서도 그 가치의 무게를 평가하거나 거론할 수 없을 것이다. 따라서 이들이 처형당하기 직전에 쓴 편지들에 엄정한 분석의 메스를 가하는 작업 자체가 과연 적절한 것인지, 윤리적으로나 학문적으로나 용인될 수 있는 것인지에 대해 필자는 끊임없이 고민할 수밖에 없었다. 그럼에도 이들이 죽기 직전에, 아니 정확히 말하자면 점령군 당국(이나

---

98) *La vie à en mourir*, 2003, p. 298.

99) *Lettres de fusillés du Mont-Valérien*, p. 83.

100) *La vie à en mourir*, 2003, pp. 304~305.

101) *Ibid.*, p. 255.

그에 협력하는 비시 정부)에 의해 죽임을 당하기 직전에 자신에게 가장 소중한 사람들에게 마지막으로 남긴 글이라면 그것은 역사적으로 매우 소중한 자산이라는 생각이 이 연구를 끝까지 지속하도록 한 원동력이었음을 밝혀둔다.

해방 직후에 나온 최초의 피총살자 서한집에서부터 21세기 초의 서한집들에 이르기까지 7종의 서한집들에 대해서도 모두가 하나하나 소중한 '피의 문서'를 담고 있으므로 감히 평가를 하기가 망설여진다. 그럼에도 잠시 경외감을 접고 메스를 가하자면, 수록된 서한 집필자들 가운데 공산당계 피총살자의 비중은 줄고(90~100%에서 60% 안팎으로), 수록된 서한들 자체는 대폭 늘었다는(45~62통에서 150통 이상으로) 사실이 우선 눈에 띈다. 해방 직후 "레지스탕스 정신"을 잘 보여주는 "피의 사료"(1946)라고 규정했던 서문이 "프랑스 인민의 투쟁에 대한 감동적인 증언"(1958, 1970)과 "영웅성과 위대함의 선집"(1985)을 거쳐 "인간의 문자가 우리에게 물려준 가장 강력한 증언들"(2003, 2006)로 바뀌는 과정은 그 자체로 시대적 변화, 시간적 거리의 변화, 간행 주체의 변화를 잘 보여준다.

서한집 수록자 237명의 평균적인 초상이 수도권 지역(출신 기준 29.9%, 거주 기준 60.2%)의 20대(41.4%) 공산당계(69.6%) 남성(98.3%) 노동자(44.7%)라는 사실도 중요하지만, 16세부터 63세까지 다양한 연령대의 다양한 직종과 다양한 정파 사람들이 전국 도처(심지어 22명은 외국)에서 왔다는 사실도 그에 못지않게 중요하다. 이는 프랑스 레지스탕스 자체의 평균적인 초상과 다양성을 어느 정도 반영하는 것으로 보아도 무방할 것이다. 단, 레지스탕스 중에서도 처형당한 이들에게만 해당하므로 무장투쟁 노선을 가장 일찍부터 가장 열심히 추구한 정파가 공산당계였다는 사실과 서한집 7종 가운데 4종이 공산당이나 공산당계 레지스탕스가 출간한 것이라는 사정이 공산당계와 노동자의 높은 비율을 상당 정도 설명해준다.

레지스탕스가 기본적으로 프랑스를 점령한 나치 독일에 맞서 프랑스의 해방을 위해 싸우는 것이므로, 서한 집필자 중 가장 많은 수가 '프랑스를 위해'(50명) '프랑스인으로'(28명) 죽는다고 쓰고, 사형수든 인질이든 공산당계든 비공산당계든 '프랑스 만세!'(61명)를 외친 것은 어찌 보면 당연하다 할 것이다. 이들은 자신의 운명을 억울해하고 죽음 앞에 떨기보다는 남은 사람들을 더 걱정하고 위로하고 힘을 북돋아주었다. 237명의 마지막 편지들에서 가장 많이 발견된 표현은 "힘내라."(143명, 318회)라는 것이었다. 또한 50명 안팎의 피총살자들이 죽음이 두렵지 않으며(47명) 후회 없다(51명)고 썼고 승리와 더 나은 미래에 대한 낙관과 확신(51명)을 표명했다.

소수이기는 하지만 다른 목소리를 내는 서한들에도 주목할 필요가 있다. 인질로 처형당한 사람들 가운데 3명은 공산당의 테러 전술을 '범죄', '단호히 거부하는 행동 방식', '분별없는 행위'라고 비난했고, 10명의 피총살자는 자신이 너무 어린 나이에 죽는 것에 안타까움을 표했다. 18명은 독일인들에 대한 용서를 설파했지만, 10명은 자신의 원수를 갚아줄 것을 촉구했다.

한편, 이 서한들은 이렇듯 죽음을 앞둔 레지스탕스 사형수들과 인질들의 입장과 태도를 보여줄 뿐 아니라 점령 당국과 프랑스 경찰의 탄압을 날것 그대로 증언하는 사료 역할을 하기도 했다. 나치 독일에 협력하는 비시 경찰의 잔혹한 고문 행위와 고통스런 수감 생활을 일부 서한들은 생생히 증언했다. 게슈타포의 고문보다 프랑스 경찰의 고문이 더 많이 묘사된 것이 주목할 만한데, 이는 비시 정부의 용서할 수 없는 대독 협력 행위에 대한 증언인 동시에, (그 서한이 검열을 거친 것이라면) 검열의 주체가 프랑스 당국(즉, 비시 정부)이 아니라 독일 점령 당국이었던 데 연유하는 것으로 봐야 할 것이다. 물론, 가장 생생한 묘사를 담은 서한들은 대부분 검열 당국의 눈길을 피해 전달된 것이었다.

2부

무덤에서 온 편지

1장 총살된 파리

독일강점기 프랑스에서 파리의 위치는 여러모로 막중했다. 프랑스의 유서 깊은 수도, 과거나 현재나 언제나 수도였던 파리는 강점기 4년 동안 독일 점령 당국의 사령부가 위치한 도시였다. 그만큼 수도에서 벌어지는 항독 활동의 의미는 컸고, 탄압의 정도도 심했다. 레지스탕스 조직에 속하지도 않고 레지스탕스 활동을 벌인 게 아니더라도 점령 당국의 군사재판소에서 사형을 선고받을 수 있었다. 7종의 서한집에 실린 237명의 피총살자 가운데 두 명이 그러한 경우였다. 강점기 최초로 총살당한(1940년 12월 23일) 파리 시민 자크 봉세르장과 서한집 수록자 가운데 최고령자(63세)인 파리 동부역 이발사 뤼시앵 미샤르가 그러했다. 봉세르장은 밤길에 우연히 마주친 독일군 무리와 몸싸움을 벌인 죄로, 미샤르는 이발소 손님이 맡겨놓은 사냥총을 소지한 죄로 각각 사형을 선고받고 총살되었다.

그야말로 삼엄한 파리, 총살된 파리였다.

1. 파리 최초의 피총살자 자크 봉세르장

자크 봉세르장이 친구에게

(세르슈미디 교도소, 1940년 12월 22일)

십수 년 전 파리에 자료 조사차 한 달간 머물렀을 때 있던 곳이 지하철 5호선의 '자크 봉세르장' 역 부근이었다. 그때 지하철역에서 그 이름이 독일강점기에 총살당한 인물의 이름이라는 표지판을 본 것 같기는 한데 세월이 흐르면서 필자의 기억에서 사라졌다. 몇 년 전 강점기 프랑스의 피총살자에 대한 연구를 시작하면서 그 이름을 다시 접했을 때 '독일군에 총살당한 최초의 파리 시민'이라기에 당연히 레지스탕스 활동가인 줄 알았다.

그런데 아니었다. 그는 1940년 11월 10일 밤 친구들과 함께 지인의 결혼식장에서 돌아오는 길에 우연히 맞닥뜨린 독일 군인들과 벌어진 몸싸움에 말려들었을 뿐이었다. 사실상 그의 유일한 '죄'는 큰 키 때문에 그 자리에서 혼자 체포되었고, 실제로 당시 독일 군인을 폭행한 친구를 포함하여 어느 누구의 이름도 끝까지 발설하지 않았다는 것이었다. 그는 25일 뒤(12월 5일) 독일군사재판소에서 "독일 군인에 대한 폭력 행위"를 이유로 사형을 선고받고 12월 23일 뱅센(Vincennes) 숲에서 총살되었다. 점령 지구 프랑스 주민들에게 강점기 첫 해에 독일 점령 당국이 확실히 보내는 메시지였다.

앙제(Angers) 공예학교 출신의 엔지니어는 그렇게 28세로 생을 마감했다. 처형당하기 전날 친구들에게 보내는 편지에서 그는 "크리스마스

자크 봉세르장(1912~1940)

와 1월 1일을 잘 보내고, 내게도 한잔 주는 걸 잊지 마라."라고 썼다. 유쾌한 성격이 더더욱 처연하게 느껴진다.[102]

---

102) Pennetier et al., dir., *Les fusillés(1940~1944)*, pp. 233~234; Cameron, dir., *Le Mont-Valérien*, p. 194.

봉세르장이 총살당한 날 독일 점령 당국이 파리 시내 거리의 벽에 붙였던 독일어-프랑스어 공고문이다. "파리의 엔지니어 자크 봉세르장은 독일군에 대한 폭력 행위로 독일군사재판소에서 사형을 선고받았다. 그는 오늘 아침 총살되었다."라고 씌어 있다.

---

103)

1940년 12월 22일 19시

나의 사랑하는 1000W[104]

친애하는 친구들

---

103) 줄 표시 아래쪽은 각 편지의 실제 내용이다. 편지를 쓴 날짜, 수신인, 편지 내용, 서명, 추신 등이 나온다. 2부 1~3장에 걸쳐 모두 적용된다.
104) 이 편지는 앙제 공예학교 동기생 로제 아바디(Roger Abadie)에게 보낸 것이다. '1000W'는 그의 별명으로 보인다.

12월 5일 재판에서 사형선고를 받았고 사면은 거부되었다. 내일 아침 처형된다고 방금 통보받았다.

동창회에 알려주고, 특히나 걱정들 마시게. 나 자신이 걱정을 안 하고 있어. 가능하면 크리스마스와 1월 1일을 잘 보내고, 특히 내게도 한잔 주는 것 잊지 말고, 나를 생각하며 〈라랑(Larrens)〉을 힘차게 불러.

모든 친구들과 지인들에게 작별 인사를 보낸다.

너희들 곁을 떠난 이후 처음으로 잘 먹고 잘 마실 거야. 식욕이 돋네. 내 가족에게도 알린다. 리에주(Liège) 가 57번지에 사는 가족들에게 보낼 쪽지 한 장 남길 테니 네가 모든 친구들의 서명을 받아줘. 그러면 네가 내 가족들을 보고 안아주러 로리앙(Lorient)에 갈 수 없더라도 기뻐하실 거야. 네게 미리 고맙다는 인사를 보낸다. 내 가족들도 네게 감사해할 거야. (이렇게 빨리 유언장을 쓰리라고는 상상도 못했어.)

이제 너를 형제처럼 안아주고, 마지막으로 자러 가기 전에 작별 인사를 보낼게.

… 안녕!

봉세르장.[105]

---

105) *Lettres de fusillés du Mont-Valérien(1940~1944)*, 《À vous et à la vie》, Paris: Tallandier, 2010, pp. 57~58.

2. 소총 반납을 잊은 죄로 죽다

뤼시앵 미샤르가 아내에게

(세르슈미디 교도소, 1942년 1월 13일)

　파리 동부역에서 이발소를 운영하던 63세의 이발사 뤼시앵 미샤르
도 그의 마지막 편지를 믿는다면 레지스탕스 활동가가 아니었다. 그는
단지 "역에서 누군가 놓고 간 소총을 돌려주는 걸 잊었기 때문에" 죽는
다고 아내에게 썼다. 피총살자 인명사전에도, 피총살자 서한집에도 그
에 대한 소개 항목에는 레지스탕스에 관련된 것이 전혀 없다. 1923년부
터 9년 동안 공산당 시의원을 지냈지만 1932년부터는 일체의 정치 활
동을 중단했다고 기록되어 있다.

　그는 1942년 1월 독일군사재판소에서 "무기불법소지죄"로 사형선
고를 받고 사흘 뒤 몽발레리앵에서 총살되었다.[106]

파리, 1942년 1월 13일

나의 사랑하는 루이즈(Louise),

　당신이 날 보러 온 날 밤 8시에 잠에서 깼어. "옷 입어요."라

---

106) Pennetier et al., dir., *Les fusillés(1940~1944)*, pp. 1,280~1,281; *La vie à en mourir*, 2003, p. 123.

고 누군가 말했고, 한 장교가 내가 내일 16시에 처형된다고 알려
줬어.

… 내 소지품 모두를 정리해줘. 우리 유언장을 발견하지 못한
다면 공증인 사무소에서 사본을 받을 수 있을 거야.

내 작업장은 사랑스런 루이(Louis) 것이 될 것이고, 내 연장들
도 그의 것이 될 거야. 직경 계측 기구는 모리스(Maurice)를 줘, 내
옷들은 세르슈미디에 와서 가져가. 난 내 옷과 큰 외투를 입고 떠
날게.

용기를 잃지 마 … 당신도 알다시피 내가 일하느라 너무 바빠
서, 역에서 누군가 내게 놓고 간 소총을 돌려주는 것을 잊었기 때
문에 죽는 것이라고 그들에게 말해줘.

… 우리 운명의 원인이 된 것은 이 가증스런 전쟁이야. 난 죽
는 데 용기를 가질 거야. 나의 사랑하는 아내, 당신의 인생이 행
복하게 끝나리라는 게 내 생각이야 … .

… 힘내고 몸조리 잘해. 당신의 건강을 회복하기 위해 조랑
(Jaurand) 의사 선생님을 찾아가. 나의 사랑하는 아내, 언제나 힘
내. 당신 문제로 자문을 구할 일이 있으면 오귀스트(Auguste)에게
편지를 써. 그들을 보러 가서 나 대신에 모두를 안아줘. 50년을
일한 뒤에 맞은 운명이라니! 내 형제 아르튀르(Arthur)와 마르셀
(Marcel)에게 알려줘.

왜냐하면 난 화요일 16시에 총살될 것이기 때문이야. 크게 힘
내. 울지 말라고 부탁할게. 밤을 지새워 얻은 피로에서 회복되기
위해 원기를 되찾고 몸조리 잘해.

… 내가 총살된다는 것을 독일에 포로로 잡혀간 아이들에게
는 알리지 마. 걔들은 프랑스에 돌아오면 알게 될 거야.

온 가족과 당신을 껴안으며 이만 마칠게. 안녕, 우리의 불행
은 잊어줘. 당신의 남편이.

미샤르 뤼시앵.

추신: 역의 구두 수선점에 고치려고 맡겨놓은 내 구두를 잊지
마. 그건 모리스에게 줘요.

내 지갑에 있는 신분증은 528프랑과 내 시계와 서류 일체와
함께 교도소 사무실에 있어.

프랑스철도공사와 맺은 나의 동부역 대합실 계약은 해지하고
플라주(Flage) 씨에게 넘기길 부탁할게.

L. 미샤르.

나의 사랑하는 아내, 나를 기억하게 할 물건으로 내 안경을
간직해줘, 안녕.

내 유언은 다음과 같다.[107]

---

107) 진한 글씨는 모두 원문에서 대문자로 표기된 것이다.

이 유언을 샹피니앙보스(Champigny-en-Beauce) 태생인 내 아내에게 전달하도록 점령 당국에 제출한다.

"나는 나의 아내 미샤르 부인(출생 시의 성명은 마리-루이즈 마이에)에게 현재와 미래의 나의 모든 재산을 증여한다."

뤼시앵 미샤르.

내 시신을 요구해서 리브리(Livry) 묘지에 묻어줘.
세탁소 보증금을 갚아줘. 플라주 씨로 하여금 내게 하면
돼.[108)

---

108) *La vie à en mourir*, 2003, pp. 121~123.

2장 죽음 앞에 선 레지스탕스

　7종의 『피총살자 서한집』에 편지가 실린 사람들 대부분은 레지스탕스 활동을 하다가 체포되어 독일 점령 당국의 군사재판소에서 사형을 선고받은 레지스탕스 사형수였다. 여기에 수록한 편지들의 집필자 15명도 그러한 범주에 해당한다. 이들 레지스탕스 사형수의 면모는 실로 다양했다. 16세의 고등학생에서부터 19세의 모자 제조공, 22세의 목수와 교사 지망생, 33세의 르노 공장 노동자, 40세의 해군 중령, 42세의 전차 운전기사, 그리고 52세의 육군 장교에 이르기까지 다양한 연령대와 직업의 사람들이 점령 당국에 맞선 투쟁을 벌이다가 체포되어 사형을 선고받았고, 총살당하기 직전에(1명은 단두대 참수형) 부모나 배우자·자녀·지인 등에게 마지막 편지를 썼다. 정치 성향별로는 공산당계 항독운동조직(FTP, 특별조직, 청년전투단 등)에 속한 경우가 가장 많았지만 드골파도 존재했고(자유프랑스군), 가톨릭계도, 무당파('인류박물관' 조직)도 있었다. 독일강점기 프랑스 레지스탕스의 다양한 구성은 곧 1940년대 프랑스 자체의 다양한 면모를 그대로 반영하는 것이었다.

3. 나의 보비야, 아빠를 자랑스레 여겨라

루이-로베르 펠르티에(Louis-Robert Pelletier)가 아들에게
(프렌 교도소, 1941년 8월 8일)

육군 참모부의 정보국 장교였던 루이-로베르 펠르티에는 강점기 초
기부터 패전과 점령을 받아들이지 않고 레지스탕스 활동을 벌였다. 드
골 장군에게 합류하기 위해 런던행을 준비하다가 변절한 요원들의 밀
고로 1940년 11월 11일 체포되었다. 1941년 7월 28일 독일군사재판소
에서 간첩죄로 사형을 선고받고 8월 9일 총살되었다.

52세로 생을 마감한 펠르티에의 마지막 편지를 받은 "나의 보비"는
그의 열두 살 아들이다. 사실, "보비" 자신을 포함하여 온 가족이 레지
스탕스 활동을 이어 나갔다. 장남인 에티엔 펠르티에(Étienne Pelletier)는
세 차례나 체포되었고(1940년 10월, 1941년 5월, 1943년 9월), 결국 1944년 11
월 24일 라인 강가에서 독일군에게 즉결 처형되었다. 아내 마르트 펠르
티에(Marthe Pelletier)와 "보비"로 불린 차남이자 막내인 로베르 펠르티
에(Robert Pelletier) 역시 항독 활동을 하다가 체포된 바 있다. 특히 "보비"
로베르는 드골주의 전단을 돌린 죄로 체포되었는데, 당시 12세였던 그
는 레지스탕스 활동을 이유로 수감된 최연소자였다. 두 모자母子는 이
후 석방되었다.[109]

109) *La vie à en mourir. Lettres de fusillés(1941~1944)*, Paris: Tallandier, 2006, pp. 41~44;
　　Pennetier et al., dir., *Les fusillés(1940~1944)*, p. 1,405.

루이-로베르 펠르티에(1889~1941)

프렌 교도소, 1941년 8월 8일

사랑하는 나의 보비야.

나의 보비야, 울지 마라. 네가 눈물 흘린다는 생각에 힘이 빠지는구나.

… 나의 보비야, 열심히 공부해라. 그리고 네가 배울 수 있는 모든 걸 배워라 … .

아빠는 너와 언제나 충분히 같이 있지 못했고 오늘 그 점이 진심으로 후회된다. 하지만 아빠가 너를 얼마나 사랑하는지 알 거야 … .

… 아빠는 너무 많은 일을 하고 싶어 했고, 서로 충돌하는 소망이 너무 많았어 … 아빠는 하느님 말씀을 충분히 안 들어서 운이 따르지 않았다.

나의 보비야, 넌 안 그럴 거야. 너무 슬퍼하지 마라. 나보다 젊은 사람들도 이 전쟁에서 죽었다. 아빠가 죽는다고 네가 너무 불행해지지는 않을 것이니까 아빠는 지금 이 순간, 네가 꿋꿋하게 살고 즐겁게 살 것이라고 확신하고 싶다.

나의 보비야, 죽음이란 잠시 헤어지는 것일 뿐이고 곧 다시 만날 것이라고 말해야겠다. 아빠는 그렇게 믿을 뿐 아니라 확신하고 있단다.

너는 좋은 프랑스인이 될 것이고, 네 아빠를 자랑스럽게 여길 것이다. 조국을 위해서만이 아니라 너희들 셋을 위해서도 의무를 끝까지 다한 네 아빠를 말이다.

왜냐하면 아빠가 이 위험하고 영광스런 길에 들어섰을 때 아빠가 생각한 건 온전히 너희들 셋이었기 때문이야.

네 엄마를 위로해주렴. 아빠는 언제나 거기에 있다고, 지금 이 순간 있는 것보다 더 가까이, 너희들 옆에 있다고 엄마에게 말해서 **[검열된 단어]**를 전해주렴.

열심히 공부하고 하느님이 도와주신다면 넌 이삼십 년 안에 프랑스를 재건할 사람, 아빠가 헛되이 죽은 게 아니도록 만들 사람들 중 하나가 될 거야.

사람은 절대 헛되이 죽지 않는단다. 우리가 너무나도 끔찍한 결과의 패배를 당한 것은 너무도 많은 프랑스인들이 정반대로 말하고 생각했기 때문이야.

…

군인처럼 씩씩해져라. 아빠를 자랑스레 여겨라. 가능한 한 즐겁게 살아라. 아빠를 생각하며 슬퍼해서는 안 된다. 왜냐하면 오직 네가 슬플 것이라는 생각만 아빠를 고통스럽게 하기 때문이야.

…

너를 사랑하는 아빠가.

로베르.

강해지고, 힘내고, 좋은 사람이 되어라.

프랑스 만세.[110]

---

110) *La vie à en mourir*, 2006, pp. 39~41.

4. 드골파 레지스탕스 백작의 편지

오노레 데스티엔 도르브가 친구, 신부, 누나에게

(프렌 교도소, 1941년 8월 28일)

프랑스혁명 이후 귀족은 사라진 줄 알았는데 이름도 긴 앙리 루이 오노레 데스티엔 도르브(Henri Louis Honoré d'Estienne d'Orves)는 놀랍게도 백작이었다. 페탱의 프랑스가 독일에 굴복한 1940년 6월, 해군 대위로 복무하던 데스티엔 도르브는 그의 순양함 뒤켄(Duquesne)호가 무장 해제 당하자 7명의 장교, 50여 명의 해군 병사와 함께 드골의 자유프랑스군에 합류했다. 1940년 9월 런던으로 가 해군 중령으로 승진하면서 자유프랑스 해군의 제2국 국장에 임명되었다. 그러나 석 달 뒤 프랑스에 갔다가 무선전신 기사의 배반으로 체포되었고, 1941년 5월 23일 8명의 동료 조직원들과 함께 간첩죄로 사형선고를 받았다. 석 달 뒤인 8월 29일 몽발레리앵에서 2명의 자유프랑스군 장교와 함께 총살되었다. 그의 나이 40세였다.

현재 파리의 지하철역 한 곳(12호선)과 프랑스 전국의 수많은 거리와 학교들이 그의 이름을 취한 상태다. 또한 레지스탕스 시인 루이 아라공(Louis Aragon)이 자신의 시를 헌정한 4명의 대표적인 강점기 프랑스 순국자들 중 한 사람이기도 하다.[111]

---

111) *La vie à en mourir*, 2006, pp. 57~58; Pennetier et al., dir., *Les fusillés(1940~1944)*, p. 564.

오노레 데스티엔 도르브(1901~1941)의 가족 사진. 그가 총살당한 날 아침까지 갖고 있던 사진이다.

[폴 퐁텐(Paul Fontaine)[112]에게 보낸 서한]

8월 28일 목요일

친애하는 폴,

5월 말부터, 내가 총살된다면 해군에 있는 친구들에게 작별 인사를 하기 위해 네게 편지를 쓰기로 마음먹었다.

석 달 전부터 너는 적극적으로 내게 신경을 써줬다. 진심으로 고마움을 전한다. 다를랑(Darlan) 제독[113]님께 존경심을 전해드리길 부탁할게. 난 너와 같은 마음이며 그 점이 내게 크게 위안이 된다.

난 그리도 해군을 사랑했다 … 난 깊은 고통 없이는 1940년 7월 10일 해군을, '뒤켄'호를 떠나지 않았다. 이 배는 다른 모든 함대처럼 무장해제가 되었어.[114] 우리 정부는 더 이상 독립적으로

---

112) 데스티엔 도르브의 친구인 해군 대위로, 다를랑(Darlan) 제독의 비서실에서 근무했다. 오노레의 사면을 위해 노력했다.

113) 1941년 2월부터 1942년 4월까지 비시 정부의 부총리, 외무부 장관, 정보부 장관을 겸임했고 해군부 장관(1940년 6월부터), 내무부 장관(1941년 7월까지), 국방부 장관(1941년 8월부터)까지 담당하여 그 시기 페탱 총리의 공인된 후계자였다. 1942년 11월 연합군의 북아프리카 상륙 이후 연합국 진영에 합류했고 다음 달 암살당했다.

114) 데스티엔 도르브가 탄 순양함 뒤켄호가 속한 프랑스 해군 함대는 당시 알렉산드리아에 정박 중이었는데 프랑스 제독과 영국 제독 사이의 협정에 따라 1940년 7월 무장해제가 되었다.

보이지 않았다. 투쟁을 계속하는 것이 우리에게 그려진 길을 따르는 것이었지. 나는 프랑스 깃발 아래 그렇게 하는 법을 찾았어. 난 소말리아로 떠났다. 그곳에서 작전이 중단되었음을 알았을 때 자유프랑스군에 합류했지. 네게 말하고 싶은 것은 나와 함께한 모든 동지들처럼 난 프랑스에 봉사했을 뿐이고 그것도 매우 독립적인 방식으로 그렇게 했다는 것이야. 우리를 맞이한 주인들[115]은 우리를 완전히 이해했고 우리에게 전혀 영향을 미치지 않았다. 프랑스에 오기 위해 나는 강한 반대를 이겨내야 했고, 프랑스에 오기로 한 것은 다른 어느 누구의 압력에 따른 게 아니라 나 자신의 결정이었어.

나의 오랜 친구 페팽(Pépin),[116] 난 내가 행한 모든 일이 프랑스에, 오직 프랑스에만 봉사한 것이라고 생각해. 난 친구들이 그렇게 알 것이고 사람들이 내가 프랑스를 위해 죽는다고 볼 것이라고 생각한다. 그게 나의 가장 소중한 바람이야.

내가 원하는 프랑스의 운명에 대해 훨씬 더 많은 것을 네게 말하고 싶어. 난 우리 둘 다 프랑스의 쇄신 방식을 동일하게 본다고 확신해.

네가 파투(Fatou)[117]를 통해 내 사건으로 유죄선고를 받은 브

---

115) 영국 정부를 가리키는 것으로 보인다. 당시 드골 장군이 이끄는 자유프랑스군은 영국의 런던에 본부를 두었다.

116) 폴 퐁텐의 별명.

117) 파투 제독은 1941년 4월 13일까지 비시 정부의 점령 지구 담당 해군위원이었다.

르타뉴 선원들[118]의 명단을 독일 당국에 요구하게 하면 좋겠어. 이들 모두 뛰어난 애국자이고 그들에게 신경 쓸 만하다. 특히 노부부(75세)는 이제 형기를 마쳤어. 그들을 귀가시키도록 노력해 줘.

계속 쓸 수가 없네. 내일 총살될 두 동지들과 같은 방에 수감되어서 서로 농담을 주고받으며 시간을 보내고 있거든.

내 친구, 나의 형제 페팽, 작별을 고할게. 푸셰트(Pouchette), 마르셀(Marcel)과 그의 아내에 대한 나의 애정을, 그리고 우리 친구들 모두에 대한 나의 깊은 우정을 전해줘. 나중에 엘리안 (Éliane)[119]과 누나를 만나줘.

안아줄게.

프랑스 만세.

오노레.

[슈톡(Stock) 신부[120]에게 보낸 서한]

신부님,

---

118) 그가 창설한 정보 조직망인 '넴로드(Nemrod)'의 구성원들을 가리킨다. 이들 대부분은 독일로 강제 이송되었다.
119) 오노레 데스티엔 도르브의 아내.
120) 프란츠 스톡(Franz Stock, 1904~1948) 신부. 1941년 독일군 당국에 의해 파리 교도소(상테, 세르슈미디, 프렌) 부속 사제로 임명된 독일인 신부다.

저를 위해 해주신 것에 대해 진심으로 감사드립니다.

… 저는 프랑스와 독일에 정의로운 평화, 내 나라의 위대함을 회복시켜줄 평화를 주시길 하느님께 기도합니다. 그리고 우리의 위정자들이 하느님께 합당한 자리를 만들어 드리길 빕니다.

… 세르슈미디 교도소와 프렌 교도소의 모든 동료 수감자들에게 저의 애정 어린 기억을 전해주시길 부탁드립니다. 그들의 용기와 믿음이 저의 용기와 믿음을 키워주고 유지시켜 주었습니다.

…

도르브.

[누나 카테린 레니에(Catherine Régnier)에게 보낸 서한]

28일 목요일

나의 사랑하는 카키(Caqui),

… 너무 슬퍼해서는 안 된다. 전장에서 죽은 사람들을 생각해 ….

내가 체포되는 순간 죽임을 당할 수도 있었음을 생각해! … 하느님은 내게 주님과 가까워지도록 이 일곱 달을 주신 거야.

… 난 완전히 평온하다는 걸 알아줘. 두 동지와 나는 조용히

말하고 심지어 농담하면서 밤을 보내고 있어. 누나에게 편지 쓰기 위해 짬을 내기가 힘들었어. 그래서 이 편지가 일관성이 없는 점 용서해줘. 이 모든 건 우리의 침착함을 보여주지. 난 우리가 내일 아침에도 침착함을 포기하지 않길 바라.

… 아무도 내 원수를 갚는 걸 생각하지 않았으면 해. 난 프랑스의 위대함이 회복된 평화만 바랄 뿐이야.

모두에게, 나는 프랑스를 위해, 프랑스의 완전한 자유를 위해 죽는다고, 나의 희생이 프랑스에 도움이 되길 바란다고 말해줘.

나의 무한한 애정으로 당신들 모두를 안아줄게.

오노레.[121]

---

121) *La vie à en mourir*, 2006, pp. 51~57.

5. 모리스는 우리의 대의를 배반했다

펠리시앙 졸리(Félicien Joly)가 가족과 동지들에게

(로스레릴 교도소, 1941년 11월 15일)

모든 피총살자의 편지가 독일 점령 당국의 검열을 거쳐 가족에게
전달된 것은 아니었다. 극히 일부이기는 하지만 어떤 편지들은 비밀리
에 전달되었다. 22세로 생을 마감한 교사 지망생 펠리시앙 졸리의 편지
도 그러한 예였다. 그러한 편지들은 종종 동료 레지스탕스 대원들에게
매우 중요한 정보를 제공해주었다. 졸리의 편지는 한 배반자의 존재를
폭로했다. '모리스'라는 배반자가 수많은 동지들의 주소를 경찰에 넘겼
으므로 동지들은 즉각 피신해야 하고 미행을 조심하고 보관소들을 변
경하라는 것이 그가 처형당하기 직전에 동료 대원들에게 급박하게 전
달하고자 한 주의 사항이었다.

노동자 가족 출신의 졸리는 교사가 되고자 발랑시엔(Valenciennes)의
사범학교를 다녔고, 재학 중(1939년 11월) 어느 교육학-철학 교수의 해
직에 대한 항의 시위를 조직하기도 했다. 일찍이 14세 때(1933)부터 공
산주의청년동맹에 속하여 활동했던 그는 1940년 초에 전단을 돌리다
가 프랑스 경찰에 체포되기도 했다. 공산당의 항독 무장투쟁이 시작된
1941년 7월부터는 공산당계 레지스탕스 조직인 '특별조직'에 속하여
폭발물 탈취와 제조, 생산 설비와 철로 파괴 등을 수행했다. 점령 당국
에 따르면 그와 그의 동료들은 광산과 공장 설비 파괴 28건, 철로와 기
관차 파괴 22건을 행했다. 1941년 9월 18일에 체포되어 고문당했고, 10

월 30일 북부 프랑스 릴(Lille)의 독일군사재판소에서 사형을 선고받고 11월 15일 릴 요새에서 4명의 동료 대원들과 함께 총살되었다.[122]

사랑하는 부모님, 사랑하는 친구들,
희망을 가진 나의 소중한 투쟁 동지들,

이 편지가 남의 눈에 띄지 않은 채 당신들에게 가길 바란다. 우리 다섯 명은 사형을 선고받았다. 하지만 난 사면을 받고자 독일군 최고사령관에게 편지를 썼다. 모리스(Maurice)는 우리가 필요할 경우 목숨을 걸 것이라고 판단했던 대의를 배반했다. 그는 수많은 동지들의 주소를 넘겨주었다. 일례로 그는 "당분간 가리(Gary)를 체포하지 말아야 한다."라고 말했다. 이로 인해 적잖은 친구들이 알려질 것이다. 체포되지 않으려면 즉각 피신해야 한다. 발랑시엔의 드냉(Denain) 지역 책임자들은 수많은 주의 조치를 취해야 한다. 보관소들은 변경해야 한다.

동지들은 미행되지 않는지 주의해야 한다.

투쟁이 계속되려면 최선의 노력을 기울여라. 곧 우리는 승리할 것이다.

모두에게 인사를 보낸다. 힘내라. 사면을 받는다면 곧 여러분

122) *La vie à en mourir*, 2003, pp. 102~103; Pennetier et al., dir., *Les fusillés(1940~1944)*, p. 957.

을 다시 보길 희망한다.

로스(Loos), 1941년 11월 15일

내게 소중한 모든 이들에게, 부모님에게, 누이들에게, 셀레스
타(Célesta)에게,

이 편지는 내가 여러분에게 쓰는 마지막 편지다. 이 편지는
내가 죽은 뒤에 받을 것이고 당신들에게 고통스러운 기억을 불러
일으킬 것이다. 당신들에게 편지를 쓰는 게 마음이 아프다.
나는 끝까지 동지들과 함께 남았다. 난 사무실에 혼자 있었던
앙쟁(Anzin)에서 문 앞에 있던 자전거를 타고 피신할 수도 있었
고, 로스에서 면회 중에 도망칠 수도 있었지만 그러지 않았다. 나
는 내 동지들이나 친구를 고발함으로써 내 목숨을 구할 수도 있
었지만 그러지 않았다. 나는 비겁자가 아니다. 난 부과된 형벌을
받아들였고 죽을 것이다. 아빠, 엄마, 나 때문에 울지 마세요. 그
러지 말고 저를 자랑스러워 하세요.
누이들, 나를 잊지 말아줘. 셀레스타, 내가 사제를 본 건 세례
를 받기 위해서가 아니라 당신에게 쓴 것을 생생한 목소리로 전
하기 위해서였어. 당신은 살아야 하고 행복해야 해. 그렇게 되길
원해. 나중에 역경이 닥치고 고통을 받으면 나를 생각하고, 묵묵

허 당신을 사랑했던 사람을 생각해. 그는 자신이 목숨을 바칠 이상적인 여성을 누구보다도 사랑했기 때문이야 ··· 난 당신도 행복해지도록 인류 전체가 행복해지길 원했어. 우리의 아름다운 꿈은 완성될 거야 ···.

··· 나는 젊은 나이에, 아주 젊은 나이에 죽는다. 죽지 않는 무언가가 있다. 내 꿈이다 ···.

··· 엄마, 할머니, 도로테(Dorothée)의 삶이 걱정돼요. 나처럼 강해지세요. 몇 시간 뒤 총탄이 내 몸을 뚫을 때의 나처럼 말이에요.

내 가슴에 증오는 전혀 없다. 우리를 감시하는 독일군 군인들의 눈 속에서 눈물을 보았다. 난 오늘 그들이 전쟁을 증오하는 걸 안다. 난 우리가 독일을 믿을 수 있다는 걸 안다.

고귀한 독일의 고귀한 아들들이여 안녕.
괴테의 아들들, 베르테르의 형제들이여 안녕.
도시와 농촌의 노동자들이여 안녕.

이 시는 내 책들 중 하나에 속기로 쓴 것이다. 나를 기억하며 그 시를 간직해줘.

··· 내 편지는 끝나간다. 시간은 흐른다. 세 시간 뒤면 죽는다. 내 삶은 끝날 것이다. 11월의 태양이 플랑드르 하늘에서 밝게 빛난다. 곧 혹독한 겨울이 올 것이다. 곧 내가 열망했던 행복도 올 것이다.

… 모두에게 나에 대한 생생한 기억을 남긴다. 내가 죽은 뒤에 내 이름은 조종 소리가 아니라 날아오르는 희망의 소리로 들릴 것이다.

펠리시앙 졸리.[123]

---

123) *La vie à en mourir*, 2003, pp. 99~102.

6. 파리 최초의 레지스탕스 조직 지도자 보리스 빌데

보리스 빌데(Boris Vildé)가 아내에게

(프렌 교도소, 1942년 2월 23일)

파리에서 에펠탑을 가장 멋지게 촬영할 수 있는 최적의 장소는 에 펠탑 바로 앞이 아니라 센 강 건너 트로카데로(Trocadéro) 광장에 면해 있는 샤이오(Chaillot) 궁 앞이다. 바로 이 샤이오 궁 안에 인류박물관이 들어서 있고, 그 박물관 직원들이 파리 최초의 레지스탕스 조직을 결성 했다는 사실은 '에펠탑의 포토스팟'이란 명성에 비해 훨씬 덜 알려져 있다.

박물관 이름을 따 '인류박물관 조직'으로 불리는 이 항독 조직은 러 시아 출신의 언어학자 보리스 빌데가 역시 러시아 출신의 인류학자 아 나톨 루이츠키(Anatole Lewitsky), 도서관 사서 이본 오동(Yvonne Oddon) 과 함께 만든 것이었다. 빌데는 1908년 제정 러시아의 수도 상트페테르 부르크에서 태어나 잠시 독일을 거쳐 1932년에 파리에 왔고, 4년 뒤 프 랑스 국적으로 귀화했다. 파리의 동양어학교에서 일본어 학위를 취득 한 빌데는 1938년부터 인류박물관에서 극지민족부를 담당했다. 1940 년 5월 프랑스가 독일군의 침공을 받자 하사관으로 참전했던 그는 포 로로 잡혔다가 탈출하여 7월에 파리로 돌아왔다.

곧바로 빌데는 루이츠키, 오동과 함께 박물관 직원들로 '인류박물 관 그룹'을 결성했고, 이 그룹은 1941년 초까지 점령 지구 프랑스 도처 에서 독자적으로 결성된 다른 여러 항독 그룹들과 연결되었다. 이 조직

보리스 빌데(1908~1942)

의 항독 활동은 실로 다양했다. 휴전 직후 프랑스 군대가 버리고 간 무기를 수거하고, 독일군에 잡힌 프랑스군 포로들을 탈주시키고, 독일군에 필요한 설비를 파괴하고, 군사정보를 수집·교환하고, 전단을 제작·살포하고, 지하신문을 제작했다. 특히 지하신문은 제호부터가 "레지스탕스"였다. '레지스탕스'라는 단어가 아직 '저항'이라는 뜻의 보통명사에서 '제2차 세계대전기 점령국에 맞선 저항운동'을 의미하는 역사 용어로 바뀌기도 전인 1940년 12월에 그 단어를 자신들의 기관지 제호로 삼았던 것이다.

사실, '인류박물관' 조직은 '최초의 레지스탕스 조직'이라는 규정이 무색할 정도로 조직으로서의 온전한 틀을 갖추기도 전에 점령 당국의 신속한 탄압으로 파괴되었다. 기관지인 『레지스탕스』가 창간되고 나서 불과 두 달 뒤인 1941년 2월에 루이츠키와 오동이 체포된 데 이어 3월에는 빌데 역시 체포되었던 것이다. 다음 해 1월 8일 '인류박물관 사건'에 대한 재판이 시작되었고, 2월 17일 독일군사재판소는 10명에게 사형선고를 내렸다. 빌데를 비롯한 7명은 6일 뒤 몽발레리앵에서 총살되었다.[124]

1942년 2월 23일

당신을 속인 것을 용서해줘. 당신을 다시 한번 껴안으러 다시 내려갔을 때 나는 오늘이 그날이라는 걸 이미 알고 있었어. 진실을 말하자면, 난 내 거짓말을 자랑스럽게 여겼어. 당신은 내가 떨지 않았고 평소처럼 웃었다는 걸 확인할 수 있었을 거야. 모험을 새로 시작할 때 그랬듯이 웃으면서 죽음에 들어간다. 약간의 아쉬움은 있지만 후회도, 공포도 없이 죽는다.

진실을 말하자면 난 이미 죽음의 길에 그도 들어섰으므로

---

124) 이용우, 7장 「레지스탕스의 탄생: '인류박물관'과 '북부해방'을 중심으로」, 『미완의 프랑스 과거사』, 푸른역사, 2015, 251~259쪽; *La vie à en mourir*, 2003, p. 126.

삶으로 복귀하기란 불가능하진 않지만 어쨌든 너무 어려워 보였어.

내 사랑, 나를 죽은 사람이 아니라 산 사람으로 생각해줘.

난 당신이 걱정되지 않아. 당신이 더 이상 나도, 내 편지도, 내 존재도 필요 없는 날이 올 거야. 그날 당신은 내세에서 진정한 사랑 속에서 나를 다시 만날 거야. 그날까지 유일하게 진정한 존재인 나의 영적 존재가 어디서나 당신과 함께할 거야.

당신은 내 부모가 된 당신의 부모를 내가 얼마나 사랑하는지 알 거야. 내가 프랑스를, 나의 프랑스를 알고 사랑하는 법을 배운 것은 당신 부모 같은 프랑스인들을 통해서였어. 내 죽음이 그들에게 슬픔보다는 자랑거리가 되길 빌어. 난 에블린(Éveline)을 많이 사랑하고, 그녀가 새로운 프랑스를 위해 살고 일할 줄 알 거라고 확신해.

난 만(Mahn) 가족 전체를 형제처럼 생각해.

나의 어머니와 누이에게 내가 죽었다는 소식을 완곡하게 전해주도록 노력해줘. 종종 그녀들과 나의 어린 시절이 생각났어.

모든 친구들에게 나의 감사함과 애정을 말해줘.

내 죽음이 독일을 증오할 구실이 되어서는 안 된다. 나는 프랑스를 위해 행동한 것이지, 독일인들에 맞서 행동한 게 아니었어. 그들은 우리가 우리의 의무를 수행했듯이 자신들의 의무를 수행한 거야. 전후에 우리의 정당함을 인정한다면 그것으로 충분해. 게다가 우리 인류박물관 동지들이 우리를 잊지 않을 거야.

내 사랑, 당신의 웃는 얼굴이 떠올라. 나 자신 이 편지를 쓰면서 웃었듯이 이 편지를 받으며 웃도록 애써봐.(난 방금 거울로 내 모습을 보았는데 내 얼굴은 평소 모습 그대로였어.) 몇 주 전 내가 지었던 4행시가 떠오른다.

언제나처럼 태연하고
쓸데없이 담대한
나는 과녁 역할을 할 거야
12명의 독일 소총수에게.

진실로 내겐 담대하다는 장점이 거의 없어. 내게 죽음은 큰 사랑의 실현이요, 진정한 현실에 들어가는 것이야. 이승에서 당신은 내게 또 다른 가능성을 나타내주었어. 그 점을 자랑스럽게 여겨.

나와의 결혼 생활**(몇 단어 검열)**을 마지막 기억으로 보존해 줘. 정신적 능력을 온전히 보유한 채 완전히 건강하고 명석한 상태로 죽는 것은 아름다운 일이야. 확실히, 전장에서 갑자기 쓰러지거나 병에 걸려 천천히 떠나는 것보다 더 가치 있고 내 기준에 맞는 죽음이다.

내가 말해야 하는 건 이게 다라고 생각해. 이제 곧 갈 때가 왔네. 내 동지들 몇몇을 봤어. 그들은 괜찮다. 그래서 기뻐.

(몇 단어 검열) 내 영혼 깊은 곳에서부터 당신을 향한 무한한

사랑이 올라온다. 운이 나빴던 것을 아쉬워하지 말자 … 사랑의 영원한 태양이 죽음의 심연으로부터 솟아오른다. 난 준비되었어, 이제 갈게.

내세에서 당신을 다시 만나기 위해 이제 당신 곁을 떠날게.

이런 선물들을 내게 잔뜩 안겨준 삶에 감사한다.

당신의 보리스.[125]

---

125) *La vie à en mourir*, 2003, pp. 124~125.

7. 모두에게 빵과 장미가 있는 세상을 꿈꾼 노동자 찰키노프

페르낭 찰키노프(Fernand Zalkinow)가 누나에게

(파리, 1942년 3월 9일)

18세의 나이로 몽발레리앵에서 총살당한 페르낭 찰키노프는 독일 점령 당국과 비시 정부가 적대시한 정체성을 고루 갖추었다. 동유럽계 (러시아) 이민자 가족 출신(자신은 파리 태생이기는 했지만)인 동시에 유대인인 동시에 공산주의자였던 것이다. "모두에게 빵이 있고 장미도 있을 세상"을 꿈꾸었던 모자 제조공 찰키노프는 1940년 여름부터 공산주의 청년동맹에 속하여 활동했고, 다음 해 여름부터는 공산당의 항독 무장투쟁 조직인 '청년전투단' 단원으로 각종 투쟁을 벌였다. 독일군 한 명이 피살될 때마다 50~100명의 공산주의자를 처형하겠다는 무자비한 인질 정책이 시작된 계기가 된 1941년 8월 21일의 바르베스 지하철역 사건에서도 찰키노프는 피에르 조르주(Pierre Georges, 일명 '파비앵 대령') 가 독일 해군 사관후보생을 암살할 때 그를 엄호하는 역할을 담당했다. 그 밖에 독일군 하사관에 대한 공격, 독일군 트럭 방화, 독일군 시설과 철로 파괴 등 10여 건의 무장투쟁에 가담했다.

그는 1941년 10월 31일 체포되었고, 1942년 3월 6일 독일군사재판소에서 6명의 청년과 함께 사형을 선고받았다. 유일하게 사면 청원서를 제출하지 않았던 그는 사흘 뒤 몽발레리앵에서 총살되었다. 그의 아버지 역시 다섯 달 뒤(8월 11일) 같은 장소에서 인질로 총살당했고, 어머

페르낭 찰키노프(1923~1942)

니와 두 누나, 숙부와 숙모, 사촌 누이와 사촌 매형, 6세와 9세의 조카들 모두 아우슈비츠 수용소로 끌려가 학살당했다.[126]

파리, 1942년 3월 9일

나의 사랑하는 누나,[127]

---

126) Pennetier et al., dir., *Les fusillés(1940~1944)*, pp. 1,854~1,855; *La vie à en mourir*, 2003, pp. 148~149.

127) 작은 누나 라셸 잘키노프(Rachel Zalkinow). 1918년생.

누나는 아마도 내가 금요일 사형선고를 받았다는 걸 알 거야. 방금, 오늘 오후 4시에 처형될 거라는 통보를 받았어.

난 아주 평온하고, 용기 있게 죽을 거라고 믿어 ….

당신들 모두를 많이 생각했고 당신들을 얼마나 사랑했는지 말하고 싶지만 어떻게 표현해야 할지 모르겠네.

아빠와 엄마가 정말 걱정돼. 하지만 누나가 강해질 것이고 잘 버티리라는 것을 알고 있어.

쥘리에트(Juliette)[128]가 어디 있는지 모르겠어! 이 편지는 누나만이 아니라 큰 누나에게도 보내는 거야. 내 마지막 생각을 털어놓고 싶은 사람은 누나들이야. 감옥에서 보낸 지난 넉 달 동안 마지막 순간에 떨까 봐 두려운 생각이 종종 들었지만 지금은 잘 되리라 믿고, 남자답게 죽을 줄 알 거라고 믿어(**검열된 구절**).

… 내가 얼마나 겁 많고 비겁한지 누구보다도 잘 알아.

내가 용감하다는 걸 누나에게 확실히 말할 수 있어. 진실을 말하자면 내가 그리도 평온한 이유를 나 자신도 잘 모르겠어. 선고받기 전에는 종종 울었지만 선고받은 뒤에는 눈물 한 방울도 안 흘렸어 ….

하지만 난 아주 어린 시절부터 언제나 죽는 게 너무도 두려웠어 ….

방금 부속 사제가 면회했어. 그에게 다시 올 필요 없다고 말

---

128) 큰 누나 쥘리에트 잘키노프(Juliette Zalkinow). 1915년생.

하니까 매우 놀란 것 같더군. 난 품위 있게 죽을 정도로 충분히 강해. 난 어떤 종교의 필요성도 느끼지 않아. 죽음은 그 자체로 충분히 커서 다른 모든 목소리를 잠재울 수 있어.

〔검열된 구절〕 지난 마지막 날들이 내겐 꿈같았어. 법정과 변호사석의 도금 장식에서부터 감방 창문까지 …….

이 꿈은 곧 끝날 거야. 세 시간 사십오 분도 안 남았네. 어쩌면 인생 전체가 꿈에 불과한 게 아닐까. 내가 죽을 거라고는 전혀 믿지 않았어. 다른 이들은 죽을 수 있어도 난 아냐! 난 여전히 죽을 거라고 생각하지 않는다고 믿고 있고, 아마도 내가 그렇게 용기 있는 것은 그 때문일 거야.

친구들과 나, 우리는 비겁자가 아니었다 … 물론 우리는 아이들이고, 영웅이라고 주장한 적도 전혀 없어. 우리에게 너무 많은 것을 요구해선 안 돼.

우리는 마지막 호의로 함께 죽게 해달라고 요구했어. 이것이 허용된다면 —훨씬 더 쉬울 것이니까— 우리는 웃으며 죽을 수 있을 거야.

난 누구에 대해서도 증오를 느끼지 않아 …….

난 어제 이미 아빠와 엄마에게 편지를 썼어, 지금 엄마, 아빠에게 또 쓰고 싶어. 오! 난 그분들에게 뭐라고 말해야 할지 모르겠어! 가장 힘든 게 내가 아니란 걸 잘 알아. 그분들은 내게 그리도 많은 희망을 걸었지. 난 응석받이 소년이었어. 난 그분들에게 많은 고통을 주었고 그분들은 내 잘못으로 많이 고생하셨어. 앞으로도 엄청 고통을 받으실 거야! 내가 그분들에게 드린 고통에 대해 엄마, 아빠는 거의 생각하지 않을 거라고 생각해. 난 그분들의 눈물이 두려워.

나의 사랑스런 라셸(Rachel), 이 모든 게 끝나면 누나가 누나를 위해, 그리고 나를 위해서도 엄마, 아빠를 많이 사랑해드릴 것을 약속해줘. 누나와 쥘리에트에게 부모님을 맡긴다.

… 〔검열된 구절〕…

친구들을 보면 그들에게 내가 용기 있게 죽었다고, 그들은 나를 자랑스러워할 수 있다고 말해줘.

나의 사랑스런 동지 오딜(Odile)을 보면, 내가 그녀를 많이 생각했고 그녀의 말을 잊지 않았다고 말해줘. 모두에게 내가 그들을 많이 생각했고 그들에게 나의 마지막 인사를 보냈다고 말해줘.

난 삶이 크게 아쉽지만 죽어야 한다면 내가 죽음을 택한 거야. 나는 언제나 태양이 빛나는 날 서서 죽기를 꿈꿔왔어. 사람들은 죽지만 삶 자체는 언제나 의기양양하고 우리의 소소한 삶에 개의치 않는 법이야.

… 난 내 죽음이 무용하지 않을 것이며, 내 죽음이 모두에게 빵이 있고 장미도 있을 세상을 건설하는 데 도움이 될 것임을 확신한다.

이것이 나의 가장 소중한 소원이야. 난 여러분이 그런 세상을 보길 진심으로 희망해.

나의 사랑스런 라셸, 이제 편지를 마칠게. 여전히 많은 것들을 누나에게 말하고 싶지만 더 이상 쓸 수가 없네.

난 강하니까 세 시간 안에 모든 게 끝날 거야.

안녕, 나의 사랑스런 라셀, 온 힘을 다해 안아줄게. 나를 떠나는 내 삶 전체를 이 마지막 키스에 담고 싶어. 죽음이 나를 데리러 올 때 보다 강해지고 순탄히 웃기 위해 마지막으로 누나에게 바짝 붙어 있을게.

누나를 사랑하는 남동생.

페르낭.

추신: 나를 대신해서 앙드레를 안아줘 ….

온 힘을 다해 누나를 안아줄게.

페르낭.[129]

---

129) *La vie à en mourir*, 2003, pp. 144~148.

8. 고문의 폭로, 검열의 흔적

피에르 르비에르(Pierre Rebière)

(1942년 2월 15일~10월 5일)

33세의 나이로 생을 마감한 공산당 레지스탕스 대원 피에르 르비에르의 편지는 여러 모로 주목할 만하다. 해방 직후 출간된 첫 『피총살자 서한집』에 그의 편지는 무려 10통이나 실렸고, 총살되기 직전에 쓴 열 번째 편지에는 검열의 흔적이 17군데나 있었다. 처형당하기 나흘 전(1942년 10월 1일)에 쓴 편지 두 통과 날짜가 표기되지 않은 두 통을 제외하고는 모두 서로 다른 날짜에, 1942년 2월부터 10월까지 여러 달에 걸쳐 쓴 것이었다. 검열 흔적으로 점철된, 총살 당일(1942년 10월 5일)에 쓴 마지막 편지를 제외한 나머지 아홉 통의 편지는 충격적인 내용을 담고 있다. "고문"이란 단어가 세 번이나 나오고, 손과 발이 밤낮으로 묶여 있고, "수갑을 풀지 않은 채 빵을 뜯어 먹어야 했고", 수감자들이 심문받을 때만이 아니라 감방 안에서도 구타당했고, 그 과정에서 한 젊은이의 두 팔과 두 다리가 부러졌음이 적나라하게 묘사되었다. 이러한 내용으로 보건대 이 아홉 통의 편지는 검열 당국의 눈길을 피해 비밀리에 전달된 것으로 보인다.

식당 종업원으로 일하다가 르노 공장의 단조공이 된 르비에르는 1934년에 르노 사의 공산당 세포로 활동했고, 1936년 스페인 내전이 발발하자 '국제여단'의 제1정치위원이 되었다. 1937년 2월에는 스페인 내전 전투 과정에서 부상을 당해 프랑스로 귀국했고, 그해 12월에는 프랑

피에르 르비에르(1909~1942)

스공산당 중앙위원회 대리위원으로 선출되었다. 독일강점기가 시작되
자 공산당의 '특별조직' 창설에 참여하고, 1941년 10월 말에는 샤토브
리앙에서의 인질 처형에 대한 복수로 보르도에서 두 명의 스페인 출신
대원들과 함께 독일 장교를 암살했다.

　1941년 12월 15일 프랑스 경찰의 '특별수사대'에 체포되어 고문당
했고, 다음 해 1월 10일 독일 당국에 인계되어 역시 고문당했다. 1942년
9월 9일 독일군사재판소에서 사형을 선고받고 10월 5일 파리 15구의

발라르 광장 사격장에서 총살되었다.[130]

1942년 2월 15일

독일 군인들은 아무도 게슈타포의 손에서 벗어날 수 없다고 넌지시 알렸다. 이에 겁에 질린 가엾은 녀석들이 있고 때때로 밤에 울부짖는 소리가 길게 들렸다. 죽이라고 아우성치는 불행한 자들이다 … .

1942년 3월 28일

모든 사람들이 알아야 하는 건 독일인들의 감옥이 바스티유에 대해 얘기되는 모든 것보다 더 나쁘다는 것이다. 우리 동지들에게 수갑은 밤낮으로 채워져 있다. 어떤 이들은 수갑을 풀지 않은 채 빵을 뜯어 먹어야 했다. 밤에 그들은 잘 수 없고 손목은 쇠로 상처 입었다. 벌레들이 이 교묘한 고문 행렬에 참여한다. 미치게 된 자들이 있고 어떤 이들은 자살을 시도했으며 많은 이들이

---

130) Pennetier et al., dir., *Les fusillés(1940~1944)*, pp. 1,534~1,535; *Lettres de fusillés*, Paris: France d'abord, 1946, p. 156.

자살에 성공했다 … 수감자들은 심문받을 때만 맞은 게 아니라 규정을 위반했다고 감방 안에서도 맞았다 … .

[날짜 미표기]

나의 사랑스런 쇼스(Chos'),

… 현재, 그들이 한 젊은이의 두 다리와 두 팔을 부러뜨렸고 그를 걸레 다루듯이 했다는 사실을 당신이 가능한 한 빨리 알려 줘. 끔찍한 고문들이 자행되고 있어. 어떤 이들은 미쳤고 어떤 이들은 자살을 시도했어. 끔찍해 … .

1942년 9월 13일

난 조용히 생애의 마지막 시간을 보내고 있어. 내 의식은 평온하거든. 난 끝까지 내 의무를 다했다.

내 태도는 어떤 이들에겐 용기 있는 것으로 보일 수 있었는데, 이는 나의 볼셰비키 동지들과, 여기서 사라져간 젊은이들이 보여준 모범이 반영된 모습일 뿐이야.

난 4월 초에 포치(Pozzi)와 12명의 동료들이 "떠나는" 걸 봤어. 그는 끝까지 지도자였어. 책임감과 희생정신에 대해 보여줄 수 있는 모든 것을 보여주었지. 그를 찬미해. 난 19세의 굼베르트 이지도르(Gumbert Isidore)가 떠나는 걸 봤어. 대단한 용기, 자신의 이상에 대한 대단한 신념이야! 진정한 볼셰비키인 열일곱 살 반의 펠드 모리스(Feld Maurice), 진정한 지도자인 청년동맹 중앙위의 오쾨르(Haucoeur), 그리도 용감하고 그리도 멋진 폴리체르(Politzer).

이런 귀감들이 있는데 내가 울 수 있겠어? …

… 동지들에게 내 아들을 돌봐달라고 부탁한다. 내 반려자와 누이 엘리즈(Elise)가 그 아이의 교육자가 될 거야.

P. R.

[날짜 미표기]

묶인 손으로 쓰기란 쉽지 않지만 공산주의자에게 불가능이란 전혀 없어요.

오늘이 9월 14일인 걸 잘 알고 있어요. 저는 상황이 우리에게 유리하게 바뀌었음을 인지한다고 생각했어요. 제가 체포된 건 아홉 달 전이에요. 그날 저는 그렇게 오래 살 수 있다고는 생각지 않았어요. 저는 우리 이상의 힘을 입증하는 숭고한 것들을 봤어요. 형언할 수 없는 용기를 가지고 죽으러 간 모든 연령의 영웅들, 진정한 지식인들을 봤어요.

마들리즈(Madelise), 언제나 이런 것들을 기억하세요. 그리도 저를 기운나게 해주신 당신의 애정 표현에 감사드려요.

다시 한번 안아드릴게요. 힘내시고 굳세게 일하세요. 변증법적 유물론에 영감을 받으세요. 그게 무오류의 나침반이에요 ….

내 사랑들, 키스를 보내요.

P. R.

1942년 9월 20일

내 사랑,

당신이 이 편지를 며칠 뒤에야 받을 것이므로 이게 사후死後의 글이 될 것이라 말할 수 있어 … 당신에 대해 불안해할 이유들이 있어. 새로 체포된 한 동지와 연락을 주고받을 수 있었는데, 그 친구 말에 따르면 당신의 동료들이 많이 체포되었대 … 연인들은 끊임없이 불안해하는 존재야. 당신을 매우 사랑해 ….

당신도 알 듯이 나의 사형집행인들은 나를 육체적으로만 고문한 게 아니라 4월 23일부터 7월 16일까지, 그리고 그 뒤에도 당신이 체포되었다고 내게 말했어. 당신의 소포를 안 받은 나로선 그렇지 않다고 생각할 수 없었기 때문에 매우 고통스러웠어. 당신은 나보다 더 고통스러울 것이기 때문에 내 상황을 모르길 바라. 내 사랑 ….

내가 탈출하고 싶어 했기 때문에 당했던 것을 동지들이 말해줄 거야 … 난 벗어나려고 시도도 안 한 채 가만히 앉아 살해당한 게 아니라 당신도 아는 원칙들로 무장하고서 운을 시험해봤다는 데 만족해. 내 계획이 무산되고부터 바로 다음 계획을 생각했어. 살 기회가 몇 주 더 주어진다면 아마도 이번엔 성공할 수 있을 거야 ….

난 나의 사형집행인들이 살 수 있는 날이 몇 주가 아니라 몇 시간 남았다고 생각해. 난 이 소인족들이 그들의 희생자들을 기억하는 기념비가 세워질 좌대가 될 것이라 확신해 … 오늘 민족전선의 시위가 열리기로 되어 있다는 사실을 알고 있어. 그 시위는 대기주의자들로 하여금 프랑스의 이익에 더 맞는 입장을 취하도록 강제할 일련의 움직임의 서곡이 될 수 있을 거야.

난 일부 사람들을 놀라게 할 새로운 형태의 투쟁의 시대가 열릴 것이란 점을 잘 알고 있어. 튼튼한 심장과 큰 용기를 가져야 할 거야. 이제 곧 누워서 잘 거야 ….

자, 난 사슬에 묶여 있음에도 읽을 수 있고, 활동을 멈춘 상태임에도 철자법을 약간 지키고 있어(다섯 달째 읽지도, 쓰지도 않고 있고, 손과 발은 묶인 상태야).

당신의 사랑, 우리의 사랑, 우리의 이상은 나를 지탱해주었고

지금도 그러고 있어. 당신 앞에 있는 불같은 삶에서 그러한 버팀
목들을 갖길 바라. 당신이 나를 보러 오느라 했던 희생은 놀라워
… 당신은 언제나 용감할 거야. 나의 다정하고 유익한 영향이 당
신의 고통을 누그러뜨리길 바라.

  … 모든 친구들이여 안녕. 내 마지막 키스가 당신의 눈물을
마르게 하길 바라 ….

  내 사랑이여, 나의 이상 만세, 공산주의 만세. 언제나 전진!
그날이 가까이 왔다.

P. R.

1942년 9월 30일

  사실대로 말하자면, 성공할 기회는 극히 적었어 … 하지만 아
마도 1퍼센트의 가능성이 있었어 … 그래서 시도해야 했지. 왜냐
하면 행동하지 않는 것(언제나 유죄인)은 도살장에 끌려가는 소
의 정치니까 ….

1942년 10월 1일 11시 30분

당신들 모두에게,

이번엔 확실하다고 본다. 나를 고문한 특무상사가 담배 한 개비를 주려 했으니까 말이야. 난 받지 않았어. 그는 몇몇 사람에게 담배를 줬다. 나를 대하는 이런 태도가 평상시와는 다른 것이므로 난 그의 수중에 명단이 있다고 판단했다. 아주 좋다. 공산주의자들이 어떻게 죽는지를 내가 그들에게 보여줄 수 있다는 걸 확인해봐.

P. R.

1942년 10월 1일 12시

옳건 그르건 간에 사람들이 나를 찾으러 오길 기다리고 있어. 왜냐하면 사형수에게 담배를 준다는 자그마한 사실이 내 차례가 왔다고 추정하게끔 해주기 때문이야 … .

내 가족에게 원하는 것은 이미 말했다. 내 의지의 수탁자로 남은 사람들이 그 의지를 잘 해석할 줄 알 것이므로 미사여구를 늘어놓을 필요는 없다.

나의 당에 내 마지막 행동을 보고해야 한다. '그랑드 바리카드(Grande Barricade)'에서 내 자리를 뒤이을 사람들이 내 무기와 몇몇 탄약을 사용할 수 있도록 쓸 수 있는 것을 썼다. 나의 죽음이 내 투쟁의 끝이 전혀 아니게 되도록 말이야. 여기서조차 난 내 의무와 내 일을 다했다. 당은 나의 말을 들었거나 활동 중에 나를 보았던 동지들을 통해 이를 알릴 것이다 … .

내가 병적으로 흥분하지도 않고 의기소침하지도 않은 채 내 능력을 온전히 유지하고 싶어 하는 것은 레닌과 스탈린의 행동에 의해 발전된 마르크스주의와 공산당에 대한 나의 **신념**과 **확신**[131] 덕분임을 다시 강조한다. 이상理想 없이, 혹은 이상에 대한 절대적인 신념을 갖지 못한 채 쓰러진 모든 이들을 생각하면 연민이 느껴진다. 그들은 고통을 겪을 수밖에 없었다 … .

1942년 10월 5일

나의 사랑하는 리제트(Lisette),
나의 사랑스런 마들리제트(Madelisette), 당신들 모두에게,

이제 마지막 날이다. 우리는 출발하러 모였다 … **(검열)** … 점

---

131) 원문의 이탤릭체.

검이 이루어졌고 … (검열) … 내가 내 사람들에게 부탁하는 특별한 임무는 내게 베풀어주었던 따사로운 애정을 내 아들과 반려자에게 베풀어달라는 것이야. 아이들 … (검열) … 을 잘 보살펴줘 … 의연해져 … (검열) … .

난 일반적인 남자들의 평균적인 삶을 살았어. 난 … (검열) … 하지 않았고, 죽기 직전에 확언할 수 있고 내가 … (검열) … (검열)… 언제나 … (한 단락 검열) … 라고 덧붙여서 … (검열) … 매우 기쁘다.

나의 수많은 동지들과 친구들에게 … (검열) … (검열) … (검열) … (검열) 우리에게 … (검열) … 라고 말하면서 나는 … (검열)… 라고 생각한다.

부모님과 내 동생 마들리제트에게 가장 뜨거운 키스를 보내고 당신들이 누릴 자격 있는 행복에 대한 염원을 표명할게요. 우리의 가장 따사로운 희망인 이 아이들에게 열정적인 키스를 보내요.

나의 사랑스런 마들리제트, 내게 얼마나 큰 기쁨을 주었던가! 난 네가 용감하다는 걸 알고 내 바람이 이루어지도록 신경을 써줄 것이라고 확신해 … (검열) … .

내 사랑스런 동생, 내 소지품, 옷가지, 지갑, 돈, 펜, 외투, 웃옷, 팬츠, 셔츠, 손수건을 가져가길 부탁할게.

이야기를 시작하기엔 당신들에게 할 얘기가 너무 많다.

당신들 모두를 꽉 안아줄게.

P. R.

빌락(Villac), 테라송(Terrasson), 귀스타브(Gustave), 페르낭 (Fernand), 내가 사랑하는 모든 이들의 ⋯ **[검열]** ⋯ 에게 안녕.[132]

---

132) *Lettres de fusillés*, 1946, pp. 156~167.

9. 뷔퐁고 5인방 고교생의 편지

피에르 그를로(Pierre Grelot)가 어머니에게

(프렌 교도소, 1943년 2월 8일)

19세의 나이로 파리 공군 사격장에서 총살당한 피에르 그를로는 '뷔퐁고 5인방'에 속한 고교생이었다. 파리의 같은 뷔퐁(Buffon) 고등학교를 다녔고 레지스탕스 활동을 하다가 체포되어 같은 날(1942년 10월 15일) 사형선고를 받고 같은 날(1943년 2월 8일) 처형을 당해서 얻은 별칭이다. 그를로 외에 피에르 브누아(Pierre Benois, 17세), 장 아르튀(Jean Arthus, 17세), 뤼시앙 르그로(Lucien Legros, 18세), 자크 보드리(Jacques Baudry, 20세)가 이에 속한다.

이들 모두 1942년 4월 16일, 레지스탕스 활동을 한 죄로 체포된 뷔퐁 고등학교의 레몽 뷔르가르(Raymond Burgard) 교사의 석방을 촉구하는 시위를 벌인 뒤 공산당계 레지스탕스 조직에 들어가 몇 차례 무장투쟁을 수행했다. 피에르 브누아를 제외하고는 4명 모두 1942년 6월 4~5일 프랑스 경찰에 체포되었고, 6월 23~25일 비시 정부의 특별재판소인 파리 항소법원 특별부에서 종신형을 선고받았다. 브누아는 궐석으로 사형을 선고받았다. 8월 28일 역시 프랑스 경찰에 체포된 브누아와 함께 이들은 독일 당국에 넘겨졌고, 10월 15일 독일군사재판소에서 모두 사형을 선고받았다. 1943년 2월 8일 파리 15구의 공군 사격장에서 다섯 명 모두 총살당했다.

그를로가 고교 시절 좋아했던 과목은 역사·지리·스페인어였고, 장

뷔퐁고 5인방. 왼쪽 위부터 차례대로 피에르 브누아(1925~1943), 자크 보드리(1922~1943), 피에르 그를로(1923~1943), 뤼시앙 르그로(1923~1943), 장 아르튀(1925~1943)

래 희망은 스페인어 교사가 되는 것이었다.[133]

___

133) Pennetier et al., dir., *Les fusillés(1940~1944)*, pp. 91, 142, 159~160, 823, 1,115~1,117; *La vie à en mourir*, 2003, p. 206.

뷔퐁고 5인방 기념우표(1959)

사랑하는 엄마,

독일의 검열 때문에 알리고 싶은 모든 것을 편지로 쓸 수 없으니까 지금 보내는 이 메시지는 승리 이후에나 읽으실 수 있을 거예요.

무엇보다도 먼저 엄마의 불행한 소식을 듣고 제가 느낀 슬픔, 엄마가 총살당할 뻔했다가 마지막 순간에 가서야 구제되었다는 소식을 듣고 불안했다는 얘기부터 하고 싶어요. 엄마가 저를 잃는 것으로 충분치 않았어요. 조국을 구하고 싶어 했다는 죄로 온 가족이 대가를 치러야 했어요.

사랑하는 엄마, 제가 얼마나 엄마를 사랑하는지 아시죠. 엄마에 대한 제 사랑은 그리도 크고 이미 충만하지만 계속해서 커질 뿐이에요. 엄마가 어떤 분인지 진정으로 깨달은 것은 바로 여기 지하 독방에서였어요. 엄마는 영웅이고 (검열 단어)이에요. 이따금 엄마를 존경하지 않았던 것에 대해 무릎 꿇고 용서를 구할게요. 제가 언제나 엄마의 조언을 들었던 것은 아닌데, 엄마는 절대로 저를 속인 적이 없고 언제나 사랑과 미덕의 방향으로 조언을 주셨어요. 제가 이런 엄청난 슬픔을 엄마에게 드리는 것은 제가 엄마처럼 다른 사람들의 행복을 원했기 때문이에요. 엄마 역시 다른 사람들의 행복을 원했듯이 말이에요. 그리도 완벽했기 때문에 엄마를 떠나는 괴로움이 더더욱 크네요. "가엾은 우리 피에르, 그러니까 네 목숨을 건질 수만 있다면 내 목숨을 바칠 것이라는 것을 생각해라!"라고 (검열 단어) 거리 사건 때 편지에서 말씀하셨던 엄마를 잊을 수 없어요.

… 엄마의 기쁨은 제 기쁨이고 엄마의 행복은 제 행복이에요. 엄마 아들은 엄마가 부끄러워하실 만한 일을 전혀 안 했어요. 그 반대에요.

사랑하는 엄마, 이제 6월 30일 이후 제 생활이 어땠는지 말하고 싶어요. 저는 투쟁하고 고생하는 다른 동지들 대부분처럼 햇빛 없는 감방에 혼자 있어요. 배고픔과 더러움으로 죽어가고, 거의 못 먹고, 산책도, 독서도 없고, 추위로 고생하고 있어요. 7월

7일 이후 저는 밤낮으로 등 뒤로 수갑을 차고 있어요. 수갑을 벗을 방법을 찾을 수 없었다면 저는 나쁜 프랑스인일 거예요. 이 모든 형벌(게슈타포에게 받은 쇠 힘줄 채찍질을 잊었네요.)을 받고도 위안을 받은 것은 오직, 승리[134]할 것이라는 확신(비밀리에이긴 하지만 몇몇 소식을 들을 수 있었거든요.)과 노래하며 죽으러 떠나는 동지들의 영웅성 덕분이에요. 프랑스는 이러한 아이들을 가진 것을 자랑스러워할 수 있어요. 저는 감사해하는 조국이 당신들의 희생, 그리고 많은 가족들의 희생에 보답할 줄 알기를, 조국이 제국주의적 야만에 의해 파괴된 모든 가정을 재건할 줄 알기를 바라요.

저는 10월 15일 동지들과 함께 재판을 받았어요. 그것은 코미디에 불과했어요. 사소한 일로도 사형선고가 내려졌으므로 우리는 이미 판결이 어떻게 날지 알았어요. 제 공소장에는 "점령군에 맞선 반反파시즘 선전, 무기와 탄약 소지 및 보유 등"이라 쓰여있는데, 이 모든 것 중 하나만으로도 제게 사형을 선고하는 데 충분했어요. 역시 있을 법한 구원은 없었어요. 우리 모두 사형선고를 받았어요. 법정에서의 우리 태도는 의연하고 고결했어요. 우리는 재판을 참관한 모든 사람들에게 존경심을 불러일으킬 수 있었어요. 군인들은 감동했고 그중 한 명이 눈물을 흘리는 걸 봤어요. 우리가 17~20세였다는 걸 생각해보세요. 판결 뒤에 재판장은 우리에게 할 말이 더 있냐고 물어봤어요. 우리 모두 조국을 위해

---

134) 스탈린그라드 전투에서 독일이 항복한 것 암시.

죽는 게 자랑스럽다고 말했어요. 저 자신이 "나는 이 형벌을 받을 만하다는 게 자랑스럽다."라고 대답했어요. 그들에게 일말의 가책이 남아 있었더라도 이러한 답변이 그런 가책을 없애주었을 거예요.

사랑하는 엄마, 제 죽음으로 인한 슬픔으로 쓰러지지 마시라고 말하고 싶어요. 그게 언제나 통제할 수는 없는 감정이란 건 잘 알아요. 엄마의 희생에서 더 많은 (**검열된 구절**)을 끌어내세요.

사랑하는 엄마, 엄마가 살아있는 한, 저에 대한 기억이 언제나 엄마에게 생생하게 남아 있을 거란 걸 알아요. 제가 그렇게 많이 갖고 있던 소지품들을 언제나 간직하고 계세요. 엄마의 미래 계획들이 불행과 역경에도 불구하고 성취되길 빌어요. 그게 저의 가장 소중한 바람이에요. 엄마, 행복하게 사세요. 엄마는 성인聖人이고 순교자예요. 돌아가실 때까지, 그 이후에도 하느님이 엄마를 보호해주시길 빌어요.

사랑하는 엄마, 마지막으로 온 힘을 다해 안아드릴게요. 저는 엄마의 이름을 부르고 엄마 생각을 가슴에 품으면서 가슴을 펴고 프랑스인으로서 죽습니다.

엄마의 자식 피에르.

엄마에게 이 편지를 쓸 수 있게 해주고 이 편지가 엄마에게 갈 수 있게 해준 사람은 고생한 동지 C … 예요. 저는 그에게 존경 이상을 품고 있어요. 아마도 그가 아빠를 닮아서 그런 것 같아요. 그가 기품 있고 용감하다는 걸 알아요.

나의 사랑하는 J… 너 역시 나보다 먼저 죽을 뻔했다. 하지만 넌 나를 (**검열된 구절**). 내 모든 소지품, 책들, 수집품을 예외 없이 보관해줘. 내 편집증 알지?

결혼하고 아이를 가져. 그러면 엄마 기분이 풀어질 거야. 네 아들이자 내 조카 이름은 피에르라고 짓고 내 딸은 (**검열된 구절**). 절대 나를 잊지 마. 자비, 명예, 덕성의 삶 속에서 큰 사업의 목표 실현을 계속 추구하길. C … 와 그의 조언들을 절대 잊지 마.

나의 가엾은 아빠, 아빠에게 (**검열된 구절**)를 부탁드릴게요. 마지막으로 온 힘을 다해 안아드릴게요.[135]

---

135) *La vie à en mourir*, 2003, pp. 204~206.

10. 배고픔을 느끼지 않기 위해 잔다

로베르 아멜(Robert Hamel)이 아내에게

(파리, 1943년 2월 첫 보름)

41세로 생을 마감한 FTP 간부 로베르 아멜의 편지는 비밀리에 아내에게 전달된 것이다. 그는 이 편지를 자신의 옷 안감들 사이에 넣었고, 그래서 검열을 피할 수 있었다. 감방의 열악한 배식 상황, 즉 "7시에 쥬스, 정오에 야채수프, 4시에 쥬스"뿐이어서 "배고픔을 느끼지 않기 위해" 24시간 중 20시간을 누워 있다는 묘사도 그래서 가능했을 것이다.

아멜은 파리에 살면서 택시 운전수로 일하다가 금속 공장 조립공이 되었다. 1925년에는 프랑스공산당에 입당했고, 스페인 내전이 발발했을 때 '국제여단'에 자원입대를 하기도 했다. 강점기에는 공산당의 항독 무장투쟁 조직인 FTP의 파리 제2지구 군사 책임자가 되어 여러 차례 무장투쟁을 벌였다. 독일군 시설에 화염병이나 수류탄을 던지는 일이 그가 1942년 7~8월에 동료 대원들과 함께 주로 벌인 일이었다.

1942년 10월 14일 프랑스 경찰 '특별수사대'에 체포되어 게슈타포에 넘겨졌고, 1943년 2월 4일 독일군사재판소에서 사형을 선고받은 뒤에 2월 15일 몽발레리앵에서 총살되었다.[136]

---

136) Pennetier et al., dir., *Les fusillés(1940~1944)*, pp. 878~879; *La vie à en mourir*, 2003, p. 212.

내 사랑,

어제부터 재판소에 출두했고 방금 판결을 받았어. 예상대로 4
명의 동지들 … 과 함께 사형선고를 받았다.

일주일 안에 모든 게 끝날 거라 생각해. 재판소는 당신에게
편지를 쓰거나 소포를 받고 당신이 면회 오는 것을 허락했지만
내 편지가 시간 내에 갈 거라고 생각지는 않아. 그래서 이 편지
를 내 물건 안에 넣을게. 나의 마지막 작별 인사가 당신에게 전달
되기를 바라. 난 매우 평온하고 용감하다. 한 가지만 아쉬워. 현
재 그리도 가까워진 우리 승리[137]를 못 보는 게 아쉬워. 재판관
들은 우리가 판결을 받아들이는 태도에 놀랐고, 우리에게 거의
변명 같은 말을 했어. 우리는 공산주의자들이 어떻게 죽을 줄 아
는지를 그들에게 보여줄 거야. 내 사랑, 내 마지막 생각은 당신
에 대한 것이고, 내가 그리도 안타까운 것도 당신에 대해서야. 내
가 당신을 정말 사랑한다는 것 알지? 때때로 당신을 고생시켰던
것에 대해 용서를 구할게. 당신 가슴속에 나에 대해 한 자리는 간
직해줘. 특히 나를 너무 빨리 잊지는 말아줘. 나의 부모님께 알려
드리기 위해 필요한 일을 해주길 부탁할게. 부모님은 라 캉브(La
Cambe)에 사셔. 힘들겠지만 그분들이 내 소식을 알도록 해줘.

---

137) 1943년 2월 스탈린그라드 전투에서 독일군이 항복한 것을 염두에 둔 표현
  으로 보인다.

내 물건 모두를 당신에게 맡길게. 당신 마음대로 처분해. 우리 사랑스런 이바(Yva)를 결혼시키려면 가구와 린네르 천이 필요할 거야. 이것들은 이바에게 나를 생각나게 하는 것이 되겠지. 내 자전거는 조르주 베게(Georges Béguet)에게 주고, 내 궤 속에 있는 연장들은 마리(Maris)가 기계공이 되겠다면 그에게 줘 … .

독방에 갇힌 석 달 반 전부터 정신 상태는 좋은 편이야. 내가 고통스러운 것은 오직 당신 소식이 없는 점과 배고픔 때문이야. 이 모든 게 끝날 것이지만 당신을 다시 보고 싶어. 그게 나의 가장 소중한 바람이야. 하지만 사형집행인들은 우리를 죽이기 전에 우리의 가장 소중한 감정까지 고통받게 하려 해. 내 사랑, 힘내야 해. 우리의 너무 많은 순교자들의 원수를 갚기 위해 살고 싶다. 다른 이들이 나의 원수를 갚을 것이며, 난 전투를 하다가 패배한 것이니까 당신은 나를 자랑스러워할 수 있을 거야. 내 글씨를 용서해줘. 필기구가 아주 작은 조각밖에 없어. 편지 쓰는 날이 월요일이야. 난 당신에게 편지를 쓸 수 있기를 바라지만 검열 때문에 편지가 도착하는 데 거의 보름은 걸릴 거야 … .

당신의 로비(Roby).

때때로 당신에게 쪽지를 전달하려고 노력할 거야. 내가 마지막 순간까지 당신과 함께할 것이라는 것을 당신은 알 거야. 하지만 난 심하게 감시받고 있어.

토요일 … .

　일요일. 금요일이 내겐 가장 나쁜 날이야. 금요일에 짐승 같
은 배고픔으로 고통받을 때 특혜받은 자들의 소포가 오는 걸 보
기 때문이야. 사람들은 또한 담배 피우는 습관이 사라지기도 한
다고들 말하지. 난 담배가 약간이라도 있을 때마다 엄청나게 기
쁘고 위안이 되었다고 당신에게 확실히 말할 수 있어.

　사람들은 내 독방에 당신 사진을 놓고 갔어. 일요일에는 줄
곧 집에서 당신과 함께 있는 느낌이야. 당신이 무얼 하는지를 상
상하곤 해. 하지만 당연한 귀결로 이제 내게 답하지 않는 건 당신
이야. 끔찍하게 긴 시간이 흘러서 잠을 청할 수 있게 밤이 찾아와
다행이야. 난 전에 없이 더러워. 내 머리는 안 감은 지 거의 두 달
이 되어가. 재판소에 간 날이 면도한 날이었으니까 수염이 15일
동안 자란 셈이야. 이제 난 더 이상 면도하지 않아.

　먹거리는 매우 간단해. 7시에 쥬스, 정오에 야채수프(식기 닦
는 데 온수가 필요 없어.), 그리고 4시에 쥬스. 그게 다야. 300그램
의 빵과 작은 한 조각의 버터나 마가린이나 돼지기름, 작은 한 조
각의 군용 파테[138]만 있으면 배고파서 죽지 않을 거야. 배고픔을
느끼지 않기 위해 잔다. 난 24시간 중 20시간을 침대에 누워 있
어. 대단한 생활이야! 선고받은 뒤의 나를 당신이 본다면 정신이
번쩍 들 거야 … 재판소가 내린 판결이 대大파리 총사령관 장군

---

138) 페이스트리 반죽으로 만든 파이 크러스트(crust)에 고기, 생선, 채소 등을 갈
아 만든 소를 채운 후 오븐에 구운 프랑스 요리다.

의 승인을 받아야 한다고 말하는 걸 잊었네. 그 장군이 동시에 사면 청원을 검토해. 난 우리가 다음 주 중에 그의 답변을 받으리라 생각해. 당신은 그 답변이 어떨지를, 특히 그들이 스탈린그라드 패전을 발표한 바로 그날 우리가 선고받았다는 걸 생각해야 해. 그들은 관용을 베풀 기분이 아니었지.

월요일에 난 종일 광적으로 격분해 있었어. 난 매번 종이와 잉크를 요구했는데 그들은 아무것도 주지 않았어. 내가 편지를 쓸 수 있었던 것은 5시가 되어서야. 내 편지는 재판소의 검열을 받으러 9시에 보내졌어 … 화요일 밤에 사람들이 내 사건에 연루된 친구 하나를 찾으러 왔어. 그가 선고받은 게 3주 전이야. 하지만 그의 판결 승인은 베를린으로 넘어갔어. 결국 난 매일 어느 노래 가사처럼 "오늘 밤일까, 내일일까?" 궁금해하지. 그렇다고 식욕이 줄지는 않네. 적어도 프랑스에서는 사형수가 마음껏 먹는데 말이야. 아직 고문도 안 받았는데 배고파서 머리가 깨질 것 같아. 내일, 목요일이면 일주일이 되어가네. 통역관은 보름 걸린다고 말했는데 변호사 역할을 한 군인은 6-7일 걸린다고 말했어. 적어도 당신을 보게 해주었으면! 지금 난 엄청 불운해.

목요일. 난 어젯밤과 오늘 감시가 더 심해졌음을 확인했어. 당신의 면회를 기다리게 내버려두었으면 … .

금요일. 금요일이 지나갔다. 당신의 면회라는 위안도, 담배

한 개비라는 위로도 기대할 수 없네. 낭패로군 ….

일요일. 오늘, 당신과 약간 수다를 떨러 왔어. 이제 14일이네.
내가 체포된 지 넉 달이 되었다 … 내가 선고받은 지 열흘이 되었
어. 여전히 아무것도 몰라. 아마도 헛된 판단이겠지만 내가 희망
을 품는 이유야 … 난 이번 주에 당신 소식이 있길 거의 확신한
다. 면회 오거나 소포가 오거나 더 좋게는 둘 다이거나. 내가 아
직 실망하지 않는 한.

추신: 구두 수선점에서 내 큰 노란색 신발을 찾아오라고 쓴
편지를 받았어? 내 운동복 웃옷에서 떨어진 단추 두 개는 세탁소
에 있어.[139]

---

139) *La vie à en mourir*, 2003, pp. 208~212.

11. 독일에서 참수당한 여성 레지스탕스 대원의 편지

프랑스 블로크-세라쟁(France Bloch-Sérazin)이 투셰(Touchet) 부부에게

(함부르크 교도소, 1943년 2월 12일)

독일강점기 프랑스에서 여성 레지스탕스 활동가는 결코 적지 않았으나 이들이 사형선고 받거나 총살되는 일은 드물었다. 사형을 선고받았더라도 강점기 말기를 제외하고는 대체로 감형되거나 독일로 이송되었다. 이는 여성을 '전투원'으로 간주하지 않으려는 나치 독일의 인식에 따른 것인 동시에, 여성 대원을 처형하는 것이 프랑스 국내의 여론을 악화시키지 않을까 우려한 데 따른 것이었다. 따라서 동일한 재판에서 사형을 선고받은 남성 대원들은 곧바로 총살되었는데, 여성 대원은 독일로 끌려가는 일이 종종 벌어졌다. 그러나 독일로 끌려간 여성들의 운명이 동료 남성들에 비해 언제나 나았던 것은 아니었다. 피총살자 인명사전에 수록된 정보에 따르면 모두 8명의 프랑스 여성 레지스탕스 대원이 쾰른, 함부르크, 베를린, 슈투트가르트 등지에서 단두대에 올라 참수당했던 것이다.[140]

여기에 수록한 편지를 쓴 프랑스 블로크-세라쟁도 바로 그러한 경우였다. 1913년 파리에서 태어난 블로크-세라쟁은 1934년 파리 대학에서 화학사를 취득하고 화학연구소에 들어갔다. 스페인 내전이 발발하자 프랑스공산당에 입당했고, 1939년에는 공산당 투사인 프레도 세라

---

140) Pennetier et al., dir., *Les fusillés(1940~1944)*, pp. 1,863~1,882.

쟁(Frédo Sérazin)과 결혼하여 다음 해 아들 롤랑(Roland)을 낳았다. 1940년 10월, 유대인이자 공산주의자라는 이유로 비시 정부에 의해 연구소에서 면직되었고, 1941년부터 '특별조직'과 FTP의 활동에 참여했다. 자신의 아파트에 실험실을 만들어 무장투쟁에 쓰일 폭발물을 제조하기도 했다. 1942년 5월 16일 프랑스 경찰에 체포되었고, 그해 9월 독일군 사재판소에서 18명의 동료 대원들과 함께 사형을 선고받았다. 동료들은 곧바로 총살되었고, 그녀는 독일로 이송되어 뤼베크 요새에 수감되었다가 서른 번째 생일 9일 전인 1943년 2월 12일 함부르크 감옥의 단두대에서 생을 마감했다.

여기에 실은 편지는 자신의 아들 롤랑(당시 3세)을 숨겨주고 키워준 투셰 부부에게 쓴 것이다.[141]

내 친구들,

오늘 밤 난 죽을 거야. 9시에 처형될 거야. 죽는 게 두렵지 않다 … 많은 동지들이 우리의 상황과 나의 감금 생활에 대해 말해줄 거야. 난 그것에 대해 얘기 안 할 거야. 그러고 싶지도 않아. 내가 원하는 것은 다시 보자고 당신들에게 말하는 것이다. 난 두려움 없이 죽는다. 다시 한번, 유일하게 끔찍한 것은 이별하는 것

141) Ibid., p. 1,869; La vie à en mourir, 2003, pp. 214~215.

이다. 난 끝까지 힘낼 것이라고 당신들에게 약속한다. 이미 쓰러져간 모든 이들, 해방을 위해 매일 쓰러져간 모든 이들이 자랑스럽다.

엄마와 아빠를 돌봐드리고, 프레도(Frédo)[142] 곁에 남아주고, 내가 열렬히 사랑하는 아들을 키워주길 부탁할게 … .

내가 행복한 삶을 살았던 것 알지? 아쉬운 게 전혀 없는 삶이었어.

당신들이 알듯이 내겐 친구들도 있었고 사랑하는 사람도 있었다. 난 나의 신념을 위해 죽는다.

난 꺾이지 않을 거야. 당신들은 내가 보지 못할 모든 것을 볼 거야. 그걸 보고 고통 없이 나를 생각해. 난 아주 아주 평온하고 행복하다. 난 아무도 잊지 않는다. 내가 거명하지 않은 사람들이 있더라도 그들을 잊었다는 말이 아냐. 당신들 모두, 모두를 생각한다. 당신들, 내 사랑들, 내 친구들, 나의 롤랑을 사랑한다.

프랑스.[143]

---

142) 프랑스 블로크-세라쟁의 남편.
143) *La vie à en mourir*, 2003, pp. 213~214.

12. 수요일을 한 번 더 살기를 바라

모리스 라카제트(Maurice Lacazette)가 아내에게
(1943년 2월 20일~8월 21일)

1943년 8월 25일 낭트에서 총살당한 34세 노동자 모리스 라카제트의 운명은 기구했다. 그는 금속 노동자(선반공)이자 파리 지역 금속노조 연합 간부이자 공산당 투사였다. 1942년 5월 16일 프랑스 경찰에 체포되어 심문 과정에서 심하게 구타당했고, 그 후유증으로 병에 걸려 병원에 입원했다. 1942년 8월 2일 병원에서 극적으로 탈출했고, 안 좋은 건강 상태임에도 파리 지역과 낭트에서 레지스탕스 활동을 재개했다. 낭트에서는 FTP의 브르타뉴 지역 조직을 재조직하는 업무를 담당했는데, 1943년 1월 19일 누군가의 밀고로 경찰에 다시 체포되었다. 그해 8월 13일 사형을 선고받았다.

그가 수감된 교도소에서는 매주 수요일 소포를 받았는데, 이 소포를 받기 위해 "수요일을 한 번 더 살기를 바란다."라고 마지막 편지(1943년 8월 21일)에서 밝힌 소망은 끝내 이루어지지 않았다. 그는 나흘 뒤 총살되었다.[144]

---

[144] Pennetier et al., dir., *Les fusillés(1940~1944)*, pp. 1,005~1,006; *Lettres de fusillés*, 1946, p. 124.

이 말을 당신에게 전해줄 용감한 사람들 덕분에 내 소식을 전해줄 수 있는 유일한 기회가 생겼네. 당신이 이걸 언제 받을까? 난 모르겠어. 아마도 난 죽었을까? 어쨌든 당신은 편지 한 통을 받을 거야. 이건 예기치 않은 기회야. 물론 난 죽는 순간에 당신에게 자유로이 편지를 쓰는 게 더 좋겠지만 이는 기대할 수 없어 … .

첫 편지에서 난 프랑스 헌병들에게 감시받고 있고 다른 정치수들처럼 편지, 소포, 책들을 받을 수 있었다고 썼지. 실로 괜찮은 생활이었어. 하지만 이는 오래 지속되지 않았어. 2월 2일 교도소에 들어온 난 8일 밤 9시에 독일인들에게 넘겨졌어. 그러고는 환경이 바뀌었지. 완전한 독방에 편지도, 소포도, 담배도, 내의도, 산책도 전혀 없었어. 외부와의 접촉은 불가능했어. 처음엔 나 혼자 독일인들에게 넘겨졌는데 며칠 전부터 다른 이들도 왔다고 들었어 … .

그 친구가 당신에게 이곳 생활에 대해 얘기해줄 수 있을 거야. 우선, 우리는 배고파. 항상 배고파. 그리고 추워. 난 흡연 욕구를 떨칠 수 없어. 아침에 일어날 때마다 죽는다는 생각이 머리에서 떠나지 않아. 사형이 나로선 처음이 아냐. 벌써 두 번째야. 그런데 이번에는 "테러리스트들의 두목"인 내가 사형을 피할 수 없을 것 같아. 갈수록 기적에 대해 생각하지 않게 돼. 사라진다는 생각에 어떻게든 익숙해지고 싶어.

우리에게 희망을 품게 할 소식들이 여전히 있다면! 하지만 전혀 없어 ….

여기서 단조로움을 깨는 약간의 즐거움은 청소, 이발, 샤워, 매일 세 번씩 주는 수프, 요즘 매우 잦아진 경보, 다양한 반응을 불러일으키는, 복도에서 들리는 각양각색의 군홧발 소리야. 이를 테면 2월 13일 토요일에는 스물세 명의 동지들을 총살하기 위해 찾으러 오는 군홧발 소리가 들렸어. 그들은 라마르세이예즈[145]를 부르며 이 사형집행인들을 맞았지. 우리가 강렬한 감동을 느낀 순간들을 그 동지가 당신에게 전해줄 수 있을 거야.

… 난 내 삶과, 그리도 가까이 다가온 내 죽음이 자랑스러워. 우리가 승리할 것이고 사람들이 행복해질 것을 확신하기 때문이야. 물론 종종, 내가 더 이상 그걸 볼 수 없다는 생각이 들면 마음속 깊이 안타깝지만, 사람들이 우리를 잊지 않을 것이라는 사실이 위로가 돼. 이 목표를 달성하기 위해 모든 걸 바쳤을 우리를 말이야.

… 오! 내가 내 활동, 내 투쟁을 후회한다고 생각하지 마. 아냐, 난 그런 활동과 투쟁 없이는 살 수 없었을 거야. 오늘, 내가 사라지기 직전에 무언가 자랑스러운 게 있다면 투사로서의 나의 올바름, 당과 당의 대의에 대한 나의 충성이야.

---

145) 프랑스혁명기에 만들어진 프랑스 국가國歌.

… 나는 앞서 죽은 모든 친구들이 같은 반응을 보일 수밖에 없었다고 생각해. 즉, 최종 승리를 확고부동하게 믿고 마지막 순간까지 우리의 진리를 설파했지만, 자식들에 대해서는 아쉬움을 느끼고 이 커다란 꿈이 실현되는 걸 살아서 보지 못한다는 데 안타까움을 느껴야 했다고 생각한다 … .

내 계산이 정확하다면, 그 사건에 연루된 우리의 수가 적다는 걸 고려하면, 빨리 진행될 것이고 대략 계산하면, 약간은 기뻐할 만한 일인데, 4월 말에는 내가 생존자 명부에서 삭제될 거야 … .

모든 친구들 안녕, 나의 형제 노동자들 안녕! 삶은 아름다워질 것이고, 증오도, 가난도 더 이상 없을 것이며, 민중의 권리는 신성해질 것이다! 하지만 그렇게 되려면 이미 죽은 사람들을 본받아서 헌신적으로 싸워야 하고, 승리를 위해 모든 걸 희생할 줄 알아야 한다.

모리스 라카제트.

[날짜 미표기]

사랑하는 L …,

여기서의 내 생활에 대해 세부적인 사항을 얘기해줄게. 감방 안에 세 명이 있는데 친구는 없어. 난 다른 공산주의자들로부터 세심하게 고립되어 있어. 신고식은 많고, 산책도, 독서도, 소포도, 담배도 없고, 틀어박혀 있고, 먹을 것은 쩔끔 주어진다. 난 그들이 우리를 두 번 죽이고 싶어 한다는 인상을 받았어. 게다가 여기서는 모든 게 복수와 비슷해. 재판으로 말하자면 나치 친위대원들에게 심문받은 지 두 달 되었어. 급속한 결말이 예상되지만 난 두렵지 않아. 우리의 신념에 힘입어 공산주의자로서 그들에게 맞설 거야. 당신이 그곳에서 다시 일할까 봐 약간 두려워. 내가 운이 좋고 만족해한다는 걸 숨기지 않겠지만 주의해 … 내 손에 전혀 안 들어오니까 소포는 절대 보내지 마. 이 신사분들이 착복하고 있어. 내가 요구한 것은 속옷 안에 넣었어. 내게 남은 최대의 기회야.

내 사랑, 당신에 대해 많이 얘기해줘. 그리고 주의해. 어디서나 당신을 안아줄게 … .

M. L.

[날짜 미표기]

나의 사랑하는 아내,

언제나 그 자리에 있고 새로운 건 전혀 없어. 하지만 그런 상황이 오래 지속되지는 않을 거라 확신해. 언제나 군홧발 소리에 잠에서 깨네. 당신은 수요일의 소포 소식을 들었을 거야. 다량의 소포가 왔지만 내겐 충분치 않았어. 이번 주엔 빵을 먹을 수 있고 특히 담배를 피울 수 있으리라 생각돼.

그건 그렇고, 담배와 배급표를 좀 보내줘. 담배의 경우 친구 조(Geo)의 신세를 지고 있어. 담배를 피울 수 있도록 조치를 취했으니까 이번엔 성공할 수 있길 바라 … .

내 건강은 그다지 좋지 않아. 종종 열이 나고 옴은 불안하게 할 정도로 커졌어. 지금이야말로 그들이 나를 죽이기에 좋을 때야. 아니면 몸이 부패해서 죽을 거야.

난 때때로, 사라져야 할 순간보다 이 기나긴 여러 달 동안 기다리는 게 더 힘든 게 아닐까 생각하곤 해 … 난 계속해서 우리의 이상理想과 당신에 대해 생각하고 싶어. 그럴 수만 있다면 나머지 생활은 견딜 만해 … .

M. L.

[날짜 미표기]

사랑하는 L …,

난 이게 마지막 말이 될까 두려워. 조만간 재판이 있을 것 같아. 끝이 다가오고 있어. 삶이 끝나간다. 난 용기를 잃지 않았어.

당신과 내 동료들이 미래에 행복해질 것이라는 믿음이 나를 강하게 만들어 … 우리의 대의가 승리할 것이라는 데엔 일말의 의심도 없어. 그 점이 크게 위안이 돼. 그토록 소중한 이 대의와 당신이 내가 일생 동안 생각한 것이고 마지막으로 생각한 것이기도 해 ….

… 수요일에도 내게 편지 쓸 수 있다면 상황에 대한 소식 좀 주고, 가족들이 어떻게 생각하는지 솔직히 말해줘. 지금은 완전히 밤이야. 무슨 일이 일어날까?

… 내가 열렬히 사랑하는 아내여, 잘 있어, 힘내고 조심해. 버텨야 해. 당신을 열렬히 사랑하고, 어디서나 온 힘을 다해 안아줄게.

M. L.

1943년 8월 21일

내 사랑,

내 소식을 전하는 게 이번이 세 번째 시도야. 그런데 당신이 답장하기 전에 이 편지를 받을 수 있을까?

판결을 알려줄게. 15명이 사형선고 받았고 1명은 무죄 판결, 물론 난 넘버원이야. 당신도 알다시피 큰 명예지. 하지만 총살대에 서는 건 확실해. 수요일에 시작된 재판은 금요일 밤에 끝났어.

전속력으로 진행되었지. 특히나 고통스러웠어. 모두가 잘 처신했고, 모든 친구들이 판결에 매우 의연했어.

금요일 밤부터 감방이 바뀌어 나처럼 사형선고 받은 동지들과 함께 있게 되었고 모두들 사슬로 꽉 묶여 감시받고 있어. 우린 힘든 시간을 보냈어. 사라진다는 생각에 적응할 시간이야. 복도에서 군홧발 소리가 날 때마다 때가 왔나 하고 약간은 가슴을 졸여. 긴장한 얼굴들이지만 모두들 마음의 준비가 되어 있어. 모두들 용기를 잃지 않았다고 말할 수 있어.

당분간 내 손은 풀렸고 대신에 친구 페르낭(Fernand)의 발목과 사슬로 묶였어. 그 친구가 당신에게 인사를 전한대. 우리는 서로 묶여서 혼자서는 한 발자국도 못 가고 잠도 서로 묶인 채 자. 당신은 이것이 비열하다고 느낄 거야. 당신도 나처럼 일곱 달 전부터 유럽 문명의 세련됨에 익숙하지 않을 테니까 말이야.

… 수요일, 예상과 달리 우리는 제한 없이 소포를 받았어. 먹거리와 담배가 감방 안에 문자 그대로 펼쳐졌어. 모두에게 기쁜 일이었지. 우리는 심지어 우리를 기다리고 있는 운명조차 잊었어. 이제 우리는 다시 한번 그러한 혜택을 누리기 위해 수요일을 한 번 더 살기를 바라.

… 됐어, 내 사랑, 페이지가 넘겨졌다. 미래여 안녕, 지난 여러 달의 수감 생활 동안 꿈꿔왔던 아름다운 미래여 안녕! …

안녕, 내 사랑, 나의 전 인생이여 안녕, 힘내. 눈물과 슬픔을 참고 전력을 다해 일해. 머지않아 행복의 날들이 반짝이는 걸 볼 때 당신은 당신의 남편이었던 존재의 대의를 포함해서 우리 대의의 승리를 위해 모든 걸 바쳤다고 스스로에게 말할 수 있을 거야. 당신은 브르타뉴의 작은 묘지에 와서 당신의 L …을 위해 눈물 몇 방울을 흘릴 거야.

안녕, 행복해져. 나중에 당신이 상처를 치유하면 당신에게 어울리는 좋은 프롤레타리아를 찾길 바라. 내가 죽기도 전에 질투가 나기 때문에 이런 말 하는 게 힘들지만 당신은 행복해질 자격이 너무도 충분해서 난 진심으로 당신이 그렇게 되길 바라.

모든 친구들 안녕. 그들에게, 내가 여전히 그들의 믿음을 받을 만하고 내 나라와 내 계급을 위해 죽는 게 자랑스럽다고 전해 줘.

… 수요일 내게 쪽지를 남겨줘. 그리고 내게 줄 용도로 갖고 있는 모든 먹거리와 담배를 다 갖다줘.

M. L.[146]

---

146) *Lettres de fusillés*, 1946, pp. 124~134.

13. 묘혈 파는 인부를 통해 전달된 편지

에드가 타르캥(Edgar Tarquin)이 부모와 누이에게

(마르세유의 생피에르 교도소, 1943년 9월 22, 25일)

22세로 생을 마감한 에드가 타르캥의 마지막 편지처럼 극적으로 전달된 경우도 드물 것이다. 그는 총살대로 가는 도중에 묘혈 파는 인부에게 편지를 던졌던 것이다. 그 인부는 편지를 한 공산당 활동가에게 전달했고, 그 활동가는 해당 편지를 필사한 뒤 타르캥의 부모에게 전달했다. 여기에 함께 수록된 「세포 JF의 보고서」는 그 활동가가 쓴 것이다.

타르캥은 목수였고 전쟁 전에 공산주의청년동맹에서 활동한 데 이어 독일강점기에 마르세유에서 FTP에 들어가 레지스탕스 활동을 수행했다. 의무노동제가 시행되자 강제징용을 피해 항독 유격대에 들어갔고, 1943년 8월 8일 유격대 활동 중에 게슈타포에 체포되었다. 9월 21일 마르세유의 독일군사재판소에서 네 명의 동료와 함께 사형을 선고받고 바로 다음 날 총살되었다. 마지막 편지에 따르면 그는 마르세유의 점령 당국에 사면 청원서를 보내고 답변을 기다리는 중이었는데, 검토조차 되지 않은 것으로 보인다. 이 편지는 전후에 남부지역의 공산당계 일간지인 『루즈미디(Rouge-Midi)』에 실렸다.[147]

---

147) Pennetier et al., dir., *Les fusillés(1940~1944)*, pp. 1,720~1,721; *La vie à en mourir*, 2003, pp. 233~234.

이 편지는 독일인들의 사형선고를 받은 21세 프랑스 청년의
유언을 담고 있다.

나의 부모 집 주소는 다음과 같다. 마르세유 라마드라그빌(La
Madrague-Ville) 길 187번지, 타르켕 폴.

나를 위해 이 편지를 전달해줄 사람에게 감사인사를 드린다.
왜냐하면 내 부모는 내가 어떻게 되었는지 모르기 때문이다.

프랑스 만세.

사랑하는 아빠, 엄마, 폴레트(Paulette),

제가 독일군사재판소에 넘어간 것은 어제 9월 21일이에요.
다른 동지 네 명과 함께 사형선고를 받았어요.

저는 가장 평온하고도 더할 나위 없이 담담하게 그 소식을 들
었어요. 엄마, 아빠도 그 소식을 저처럼 침착하게 듣기를 진심으
로 바라요. 왜냐하면 제가 모든 장애물을 무사히 넘었다면 제가
아닌 다른 이들이 이 숭고한 대의를 위해 쓰러질 것이기 때문이
에요. 운명은 저를 택했기 때문에 저는 제 의무를 공산주의자로
서 끝까지 수행할 거예요.

제가 행한 것에 대해 전혀 후회하지 않아요. 다른 이들이 투
쟁을 계속하길 바라요. 왜냐하면 승리는 더 이상 우리를 피할 수
없기 때문이에요.

사랑하는 아빠, 저는 아빠가 잘 알듯이 끝까지 용감하게 처신할 것이기 때문에 아들을 부끄러워할 필요가 없을 거예요.

사랑하는 엄마, 미안해하지 마세요. 충격은 견디기 힘드시겠지만 이상理想이 엄마의 고통을 압도할 수 있을 거예요. 엄마는 우리의 바람대로 프랑스가 살기 위해 쓰러진 사람들 중 하나의 엄마였다는 점을 자랑스럽게 여길 수 있을 거예요.

사랑하는 누이동생 폴레트, 침착해라. 너를 괴롭히는 오빠는 더 이상 없을 거야. 이제 아빠와 엄마에게 네가 유일한 버팀목이고 나중에 그분들을 네가 돌봐드려야 한다는 것을 잊지 마라. 네게 무거운 책무를 맡긴다. 더 나은 미래가 오면 너도 결혼해서 가정을 이룰 수 있을 거야. 내게 소중했던 이상理想으로 아이들을 키우길 바란다. 네 오빠를 기억하며 그렇게 해주길 부탁할게. 이제 당신들을 놓아드리고, 작별 인사를 하고, 힘차게 안아드릴게요.

엄마, 아빠의 아들 에드가.

자유롭고 행복한 프랑스 만세.
공산당 만세.

사랑하는 아빠, 엄마, 폴레트,

엄마, 아빠가 제 소식을 받는 건 아마도 이게 마지막일 거예요. 저는 독일군사재판소에서 1943년 9월 21일 재판을 받고 사형을 선고받았어요. 그럼에도 저는 마르세유 광장의 사령관님에게 사면 청원서를 보냈고, 답변을 기다리고 있어요.

… 지금으로선 더할 나위 없이 건강하고 정신 상태도 좋아요 (울적하지 않아요.).

아빠, 아빠는 저 같은 아들내미를 둔 것을 자랑스러워하실 거예요. 이따금 아빠를 화나게 해드렸다면 용서를 구할게요. 그래도 저는 아빠를 많이 사랑했어요. 아빠는 일생 동안 일하셨는데 행복한 노년을 맞으시고 오래 사시길 바라요. 아빠는 그러실 자격이 있어요. 아빠를 잊지 않을 거예요.

엄마, 엄마가 쓰신 편지에서, 엄마가 용기를 가질 거라고 말했다는 걸 기억해요. 엄마가 약속을 지킬 수 있길, 그리고 이 소식을 듣고 너무 괴로워하지 마시길 바라요. 엄마는 제가 물건을 훔치지도, 사람을 죽이지도 않았다는 걸 알 거예요. 엄마는 고개를 들고 걸어다닐 수 있어요. 엄마를 화나게 해서 저를 때리려고 뛰어다니시게 한 것 역시 후회돼요. 하지만 그때 전 어렸고 이해하지 못했어요. 그렇다고 엄마를 사랑하지 않은 것은 아니고 지금은 훨씬 더 사랑해요. 제 생명의 숨결이 끊어지지 않는 한, 제가 그리도 사랑하는 우리 엄마를 계속 생각할 거예요.

사랑하는 누이동생 폴레트, 다시 한번 너를 괴롭히러 온 네 오빠다. 하지만 안심해라. 이번이 마지막일 거야.

내가 너에게 막중한 책임을 맡기는 걸 알 거다. 나를 생각하면서 아빠와 엄마의 노후를 보살펴드리는 책무를 잘 수행하길 바라. 내가 그 일을 하려 했지만 아아! …

작별 인사를 드리기 전에 비누, 수건, 셔츠, 빗을 보내주시길 부탁드릴게요. 그거면 될 거예요.

타르켕 에드가.

———————————————

한 수감자의 편지

나는 6명의 젊은이가 마르세유의 생피에르 묘지에서 총살당했다고 들었다. 그들 중에 FTP 청년대원인 에드가 타르켕이 있었다. FTP 대원들과 경찰 사이의 소규모 교전 끝에 그의 지갑과 신분증이 발견되었기 때문에 그는 이미 궐석으로 선고받았다. 나는 어떤 상황에서 그가 체포되었는지 모른다. 6명의 처형된 동지들 중에 여성이 1명 있었을 것이다. 타르켕은 자신이 쓴 편지를, 총살되는 순간에 무덤 파는 인부에게 보라고 가리키면서 던지는 데 성공했다.

… 나는 총살당한 그 동지가 쓴 마지막 편지를 필사하는 데 참여했다.

「세포JF의 보고서」.[148]

----

148) *La vie à en mourir*, 2003, pp. 231~234.

14. 16세의 사형수가 보낸 편지

앙리 페르테가 부모에게

(브장송 언덕, 1943년 9월 26일)

총살당하기 직전 부모에게 보내는 마지막 편지에서 스스로 "16세의 사형수"라고 쓴 고교생 앙리 페르테는 실제로, 7종의 피총살자 서한집에 실린 237명 가운데, 같은 나이에 총살된 앙리-미셸 토마와 함께 가장 나이 어린 피총살자였다. 그는 교사의 아들로, 브장송(Besançon)의 빅토르 위고(Victor-Hugo) 고등학교를 다녔고, 1942년 가을에 한 레지스탕스 그룹에 들어갔다. 가톨릭 청년운동가들로 구성된 그룹이었다. 그는 1943년 4~6월에 폭발물 창고 습격, 고압선 철탑 파괴, 독일 세관원 공격 등의 활동에 가담했다. 1943년 7월 2일 부모 집에서 체포되었고, 9월 18일 독일군사재판소에서 16명의 동료와 함께 사형선고를 받았다. 8일 뒤 브장송 요새에서 총살되었다. 피총살자 대부분은 16~23세였다. 그의 편지는 같은 해 12월 30일 BBC 방송에서 낭독되었다.[149]

---

149) Pennetier et al., dir., *Les fusillés(1940~1944)*, p. 680; *La vie à en mourir*, 2003, pp. 240, 245.

사랑하는 부모님,

제 편지가 부모님께 커다란 고통을 드리겠지만 부모님이 용
기를 잃지 않으시리라 의심치 않아요 ···.

부모님은 제가 이 독방에서 정신적으로 고통을 겪은 것, 이
87일간의 독방 생활 동안 더 이상 부모님을 뵐 수 없고 먼 곳에
계신 부모님의 애정 어린 배려를 더 이상 느낄 수 없어서 고통스
러워한 것을 아실 수 없을 거예요. 부모님의 소포보다 사랑이 더
간절했고, 제가 부모님께 드린 고통, 모든 고통을 용서해달라고
부탁드릴게요. 부모님은 현재 제가 부모님을 사랑한다는 걸 의심
하실 수 없겠죠. 왜냐하면 전에는 부모님을 관례적으로 사랑했다
면 지금은 부모님이 저를 위해 해주신 모든 것을 이해하기 때문
이에요. 저는 진정한 자식으로서의 사랑, 진짜 자식으로서의 사
랑에 도달했다고 믿어요. 아마도 전후에 한 동지가 저에 대해, 제
가 그에게 말했던 이 사랑에 대해 말씀드릴 거예요. 저는 그가 이
신성한 임무를 전혀 게을리하지 않길 바라요.

··· 저는 저의 조국을 위해 죽어요. 저는 자유로운 프랑스, 행
복한 프랑스인들의 프랑스를 원해요. 오만한 프랑스, 세계 제1의
나라 프랑스가 아니라 근면한 프랑스, 부지런하고 정직한 프랑스
를 원해요. 프랑스인들이 행복한 것, 그게 가장 중요해요. 삶에서
행복을 얻을 줄 알아야 해요.

… 군인들이 저를 찾으러 왔어요. 저는 걸음을 서둘렀어요. 제 필체는 아마도 떨렸을 것인데 이는 연필이 작았기 때문이에요. 저는 죽음이 두렵지 않아요. 제 의식은 아주 평온해요.

아빠, 부탁할게요. 제가 죽는 건 저를 위한 거라고 생각하세요. 어떤 죽음이 제게 더 명예로울 수 있을까요? 저는 저의 조국을 위해 자발적으로 죽습니다. 우리 넷 모두 곧 하늘나라에서 다시 만날 거예요. 100년이 뭐예요?

… 안녕히 계세요. 죽음이 저를 불러요. 저는 눈가리개도, 묶이는 것도 원하지 않아요. 부모님 모두를 안아드릴게요. 그럼에도 죽는 건 힘들어요.

16세의 사형수.

H. 페르테.

철자법 오류를 용서해주세요. 다시 읽을 시간이 없어요.

발신인:

앙리 페르테,

하늘나라의 하느님 가까이에서.[150]

---

150) *La vie à en mourir*, 2003, pp. 243~245.

15. 이 길에서 벗어나게 하려고 애쓰신 데 감사드려요

앙리 바즈토크(Henri Bajtsztok)가 부모와 스승에게

(프렌 교도소, 1943년 10월 1, 6일)

20세의 나이로 몽발레리앵에서 총살당한 앙리 바즈토크는 폴란드 출신의 유대인이었다. 한 살 때 부모와 함께 프랑스로 이민 왔고 파리의 디드로 고교를 다녔다. 1941년에 공산당계 대중조직인 민족전선에 가입했고, 1943년에는 FTP의 파리 동부 교외 지구 그룹에 들어가 곧 FTP 중위가 되었다. 대독협력정당인 인민민족연합(Rassemblement national populaire, RNP)에 정보 수집을 위해 위장 침투하기도 했고, 독일군에 대한 폭탄 투척, RNP 당원 암살 기도 등 여러 차례 무장투쟁을 수행했다. 1943년 6월 1일 프랑스 경찰에 체포되었고 같은 해 10월 1일 독일군사재판소에서 24명의 동료와 함께 사형선고를 받았다. 닷새 뒤 총살되었다.

총살되기 세 시간 전에 고등학교 은사에게 쓴 편지에서 그는 자신을 이 항독 투쟁에서 "벗어나게 하려고 애쓰신" 데 대해 감사를 표했다. 이것이 자신의 신념과 투쟁을 후회한다는 발언이 전혀 아님은 물론이다.[151]

---

151) Pennetier et al., dir., *Les fusillés(1940~1944)*, pp. 116~117; *La vie à en mourir*, 2003, pp. 255~256.

사랑하는 부모님,

드디어 부모님께 편지 쓰는 걸 허락받았어요. 저는 우선, 육
체적으로나 정신적으로나 완전히 건강하다는 걸 말씀드릴게요.
저로서는 이 두 가지 관점(육체적, 정신적)에서 다 괜찮아요. 동지
들과 함께 우리는 오늘 아침 프렌에서 재판을 받았고 예상대로
우리 25명 모두가 사형선고를 받았어요.

이 '사형'이란 말에 놀라지 마세요. 모두 그랬듯이 저도 사면
청원을 했고 살아있는 한 희망이 있으니까요. 그럼에도 엄마, 아
빠는 잔혹한 현실을 솔직하게 직시하셨으면 해요. 고통을 드릴
각오를 하고 말씀드리는 거예요. 판결은 완전히 올바른 방식으로
이루어졌어요. 재판장 말에 따르면 우리 모두 경이로운 방식으로
행동했어요. 아무도 '움츠러들지' 않았어요. 우리 모두 상황을 매
우 분명하게 인식했고, 저는 개인적으로, 상황이 그렇게 전개되
었다는 사실에 일종의 내적 기쁨을 느꼈다고 말씀드릴 수 있어
요.

엄마, 엄마는 저를 보러 오는 것을 허락받을 수 있어요. 가능
하다면 엘루아(Éloi)[152]를 보고 싶지만, 절차가 너무 까다롭다면

---

152) 앙리 바츠토크의 남동생.

면회 없이 지낼 수 있어요. 사기는 매우 높은 상태예요. 게다가 재판을 이미 받았기 때문에 독서도 허용되었고 곧 동지들과 함께 있을 거예요. 비록 사형선고를 받았지만 엄마가 면회 오셨을 때 제가 말했던 것 모두가 사실이라고 단언해요. 모든 게 사실이라고 다시 한번 말해요. 너무 초조해하지 마세요. 제게 일어난 일은 정상적인 거예요. 제가 군인이었다면 아마도 훨씬 더 이름 없이 죽었을 거예요. 저는 아직 죽지 않았어요.

이게 마지막 편지라고 생각지 않아요. 엄마, 아빠 모두 아주 따뜻하게 안아드릴게요. 다시 한번 적어도 저만큼 힘내시고 제가 무의미하게 죽는 게 아니라고 생각하시길 부탁드려요. 저는 매우 평온하게, 평온한 정신과 안정된 의식으로 이 글을 쓰고 있어요. 아아! 엄마, 아빠께 큰 아픔을 드리지만 제가 가장 불쌍히 여길 만한 사람은 아니라고 생각하실 수 있을 거예요. 저는 결혼도 안 했고, 가장도 아니잖아요. 리브리, 파리, 아비뇽, … 카르팡트라(Carpentras)의 모든 친구들도 예외 없이 안아줄게.

다시 한번 당신들을 껴안을게요. 힘내요! 프랑스 만세!

H. 바츠토크.

헌신적인 교육자이신 페레뉴(Peyreigne) 선생님께,

이런 상황에서 이런 글을 선생님께 편지로 써야 하는 날이 오
리라고는 상상도 못 했어요!

저는 세 시간 안에 처형될 거예요. 저는 6월 1일 테러 행위(의
용유격대의 행위)를 이유로 체포되었고, 개학일인 10월 1일 25명의
전우들과 함께 선고를 받았어요. 저의 마지막 편지 3통 가운데
하나를 선생님께 보내요.

우선, 상당 부분 선생님 덕을 본, 좋았던 41~42학년도에 대해
감사드립니다. 제가 들어섰다고 예감하신 이 길로부터 저를 벗어
나게 하려고 애쓰신—분명 허사였지만—데 대해 감사드려요.

저는 대다수 젊은이들과 약간 다르게 행동한다고 스스로 느
꼈어요. 저는 일단 결심을 하면 말한 것을 언제나 행하고 싶어 했
어요. 그래서 제 친구들과 동지들, 부모님과 동생에게 아픔을 준
것 말고는 전혀 아쉽지 않아요.

선생님의 호의를 이용하는 것일 수도 있겠는데, 저의 프랑스
어 선생님이셨고 현재 르랭시(Le Raincy)의 티에르(Thiers) 남자 초
등학교 교장 선생님이신 부네(Bougnet) 선생님께 역시 제 감사 인
사를 전해주시고, 현재 그 학교 학생인 제 동생에게 적극 신경을
써주시길 당부하는 편지를 써달라고 부탁드려요.

··· 제가 선생님께 말씀드려야 하는 건 대략 이게 다예요. 제
가 무슨 생각을 하는지 아실 거예요. 전 아무것도 아쉽지 않아요.
전 슬퍼할 게 없다고 느껴요. 제 죽음이 제 삶에 값할 것이라고
생각해요.

저는 제가 겪고 죽는 이유를 알아요. 미리 선생님께 감사드리
며 진심으로 안아드릴게요.

안녕히 계세요, 선생님.

선생님의 바츠토크 추나.

프렌, 1943년 10월 6일 13시

사랑하는 부모님,

저는 곧 오후 4시에 처형될 거예요. 방금 그 소식을 들었어요.
동지들과 함께 우리는 이 마지막 순간을 매우 평온하게 기다리고
있어요.

오늘 아침 소포를 받았어요. 아직 제 운명을 몰라서 뒤에 도
착할 제 물건들을 부모님께 보내지 않았어요.

우리 모두 평소보다 더 많이 먹었어요. 우리 의식이 평안하
다는 증거예요. 제 생각을 아시죠, 다시 말할 게 없어요. 저는 온
세상의 모든 사랑스런 엘루아들의 행복을 위해 활동했어요. 그

리고 저는 그들의 행복의 시간을 앞당겼다고 확신해요. 저에 대해 너무 애석해하지 마시고, 우리 사랑스런 엘루아에게 의지하세요. 그가 초등교육 수료증을 따서 쉬펠레크 학교(École Supérieure d'Électricité)[153] 출신의 엔지니어가 되길 빌어요.

부모님께 매우 진지하게 부탁드려요. 저의 마지막 바람을 들어주시고 싶다면 사람들이 뭐라고 하든 제 상을 치르지 말아주세요. 제 이념에 반하는 일이어서 그래요.

저는 엄마, 아빠가 매우 담대하시다는 걸 알아요. 엄마, 아빠가 얼마나 고생하셨는지 알기에 찬탄을 보내요.

엄마, 아빠와 모든 친구들을 안아줄게요.

프랑스 만세!

당신들을 소중히 여기는 당신들의 앙리.[154]

---

153) 전기 엔지니어를 양성하는 고등교육기관.
154) *La vie à en mourir*, 2003, pp. 252~255.

16. '범죄 군단 수괴' 마누시앙이 아내에게 보낸 편지

미사크 마누시앙이 아내에게

(프렌 교도소, 1944년 2월 21일)

'범죄 군단'이란 용어도, '수괴'란 표현도 레지스탕스에 적대적인 나치 독일이 처음 쓴 것이다. 이 편지를 쓴 미사크 마누시앙을 유명하게 만든 것은 독일 점령 당국이 그를 "범죄 군단"이라는 도당의 "수괴"로 묘사한 이른바 '붉은 포스터'였던 것이다. 이는 이름도 긴 '이민노동자 의용유격대'(Francs-tireurs et partisans de la Main-d'oeuvre immigrée, FTP-MOI)의 대원들 23명을 재판하기에 앞서 1944년 2월 프랑스 전국에 대량으로 배포된 포스터였다. '이민노동자 의용유격대'는 1943년 여름과 가을 파리 한복판에서 독일 점령 당국에 맞서 유일하게 무장투쟁을 벌인 공산당계 이민자 항독 조직이었다. 나치 선전 당국은 이 포스터 상단에서 "해방자들?"이라 묻고는 하단에서 "범죄 군단에 의한 해방!"이라 답했다. 포스터 가운데에는 10명의 '범죄 군단' 대원들의 사진과 소개 글이 실렸는데, 그중에 "도당의 수괴"로 표기된 마누시앙의 실제 직함은 파리 지역 FTP-MOI의 군사위원이었다.

미사크 마누시앙은 1906년에 오스만 제국의 아르메니아에서 농민의 아들로 태어났다. 9살 때 오스만 제국의 아르메니아인 대학살로 가족 대부분을 잃고 형과 함께 레바논 지역(당시 프랑스 위임통치령) 고아원으로 보내졌다. 프랑스에는 1925년에 왔고, 시트로엥 공장의 선반공으로 일했다. 1930년대 들어 공황이 시작되자 해고되었고, 이후 두 개

미사크 마누시앙(1906~1944). '붉은 포스터'에 싣기 위해
수감 중에 프렌 감옥에서 찍은 사진이다.

의 아르메니아어 문학잡지를 창간하기도 했고, 시를 쓰기도 했다. 1934
년에 프랑스공산당에 입당했고, 다음 해 공산당계 이민노동자 조직인
MOI(Main-d'oeuvre immigrée, 이민노동자)의 아르메니아어 신문 책임자가
되었다. 1943년 2월에 MOI의 아르메니아 지부 책임자로 FTP-MOI에 합
류했다. 그해 7월에 파리 지역 FTP-MOI의 기술위원이 되었다가, 8월에
군사위원이 되었다. 그 조직이 벌인 무장투쟁의 정점은 나치 독일의 노
동력 동원 전권위원인 프리츠 자우켈(Fritz Sauckel)의 프랑스 담당부관
율리우스 리터(Julius Ritter) 장군을 암살한 것(1943년 9월 28일)이었는데,

'붉은 포스터'.
마누시앙을 유명하게 만든 이 포스터는 나치 독일이 제작한 것이다.

바로 마누시앙의 지휘로 수행된 것이었다. 그해 11월 16일 파리 지역 FTP 책임자인 조제프 엡스텐(Joseph Epstein)과의 접선 현장에서 체포되었고, 1944년 2월 19일 독일군사재판소에서 22명의 동료 조직원과 함께 사형선고를 받았다. 유일한 여성 대원인 올가 반치츠를 제외한 22명 모두가 이틀 뒤 몽발레리앵에서 총살되었다. 반치츠는 독일로 끌려가 1944년 5월 슈투트가르트 감옥에서 참수당했다.[155]

---

155) Pennetier et al., dir., *Les fusillés(1940~1944)*, pp. 1,204~1,206; *La vie à en mourir*, 2003, pp. 288~290.

'마누시앙 그룹'의 마지막 모습.
'붉은 포스터' 제작과 언론 공개를 위해 1944년 2월 프렌 감옥 안마당에서 찍은 사진이다.

사실, 여기 수록한 편지, 마누시앙이 처형 당일 프렌 교도소에서 아내에게 쓴 마지막 편지는 7종의 피총살자 서한집 모두에 실린 유일한 편지이기도 하다. 그만큼 피총살자 서한의 전범典範이라 할 만한데, 주목할 만한 것은 전후戰後 이 편지 자체가 겪은 운명이다. 7종 가운데 앞의 3종 서한집(1946, 1958, 1970)에는 편지 전문全文이 온전히 실리지 않았다. 필자가 분석한 바에 따르면 3종 모두 추신을 싣지 않았고, 그 밖에 1946년판에는 한 문장, 1958년판과 1970년판에는 그 한 문장을 포함하여 모두 네 군데가 누락되었다.[156] 1946년판은 FTP의 출판사가, 1958년

---

156) *Lettres de fusillés*, 1946, p. 146; *Lettres de fusillés*, Paris: Éditions sociales, 1958, pp. 72~73; *Lettres de fusillés*, Paris: Éditions sociales, 1970, pp. 117~119.

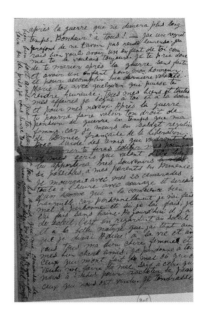

마누시앙의 마지막 편지들(1944년 2월 21일)

판과 1970년판은 공산당계 출판사가 각각 간행한 것이어서 이러한 누락은 프랑스공산당이 무언가를 숨기는 게 아니냐는 의혹을 야기했다.

3종의 서한집 모두가 싣지 않은, 문제의 문장은 "난 내게 고통을 주었거나 주길 원한 모든 사람들을 용서한다. 단, 자기 목숨을 구하기 위해 우리를 배반한 자와, 우리를 팔아넘긴 자들은 제외하고 말이야."였다. 여기서 특히 "우리를 팔아넘긴 자들"이란 표현이 프랑스공산당 지도부가 '마누시앙 그룹'(파리 지역 FTP-MOI의 잘못된 표현)을 경찰에 넘긴 것을 암시하는 게 아니냐는 논란이 빚어졌다. 1985년에 TV에서 방영된 다큐멘터리 영화 〈은퇴한 '테러리스트들'〉 역시 그러한 논란을 야기

2015년 아르메니아에서 발행된 마누시앙 기념우표.
뒷 배경에 개선문과 '붉은 포스터'가 보인다.

했다. 이후 마누시앙의 전임자였던 보리스 올반(Boris Holban)이 직접 증언에 나서고 역사가들이 이 문제에 대해 연구한 결과, 그러한 가설은 더 이상 받아들여지지 않고 있다.[157]

---

157) 이 문제에 대해서는 이용우, 3장 「망각에서 스캔들로: 파리의 외국인 레지스탕스」, 『레지스탕스 프랑스』, 푸른역사, 2019를 보라.

나의 사랑하는 멜리네, 나의 사랑하는 고아,

몇 시간 안에 난 더 이상 이 세상에 없을 거야. 우리는 오늘 오후 3시에 처형될 거야. 이는 내 삶에서 사고처럼 닥쳐왔고 나도 믿겨지지 않아. 하지만 더 이상 절대로 당신을 볼 수 없다는 걸 알고 있어.

당신에게 뭐라고 쓸 수 있을까? 나로선 모든 게 혼란스럽고 동시에 매우 분명해.

난 의용군으로 해방군에 입대했고, 승리와 목표 달성의 코앞에서 죽는다. 우리보다 오래 살고 내일의 해방과 평화의 달콤함을 맛볼 사람들이 행복하길 빈다. 나는 프랑스 민중과 모든 자유의 전사들이 우리에 대한 기억을 의연하게 영광으로 여길 줄 알 것임을 확신해. 죽는 순간에 나는 누가 되었든 독일 인민을 전혀 증오하지 않음을 선언한다. 각자는 벌을 받을 만한 사람은 벌을, 보답을 받을 만한 사람은 보답을 받을 거야. 독일 인민과 다른 모든 나라 인민들이 더 이상 오래 지속되지 않을 전쟁이 끝난 뒤 평화롭고 형제애 속에서 살아갈 거야. 모두가! 행복하길! 난 당신을 행복하게 만들지 못한 게 깊이 후회스러워. 난 당신과 아이를 갖길 원했을 거야. 당신이 언제나 원했듯이 말이야. 그래서 난 당신이 반드시 전후에 결혼해서 나의 명예를 위해 아이를 갖길 빌어. 나의 유언을 실현하기 위해, 당신을 행복하게 할 수 있는 누군가와 결혼해. 내 모든 재산과 모든 물건은 당신과 당신 자매, 그리고 조카들에게 물려줄게. 난 프랑스 해방군의 정식 군인으로 죽는 것이니까 전후에 당신은 전쟁 연금을 받을 권리를 아내로서 요구할 수 있을 거야.

나를 추모하고 싶어 할 친구들의 도움으로 당신은 읽을 만한 가치가 있는 내 시들과 글들을 출간할 수 있을 거야. 나를 기억나게 하는 물건들은 가능하면 아르메니아에 있는 내 부모님들께 갖다 드려. 난 곧 23명의 동지와 함께 용기 있게, 그리고 평온한 의식을 가진 사람의 평정심을 가지고 죽을 거야. 개인적으로 난 어느 누구에게도 고통을 주지 않았고, 고통을 주었다 해도 증오하지 않은 채 그랬으니까 말이야. 오늘은 해가 비치네. 해를 바라보며, 내가 그리도 좋아했던 아름다운 자연을 보며, 삶에, 당신들 모두에게, 나의 사랑하는 아내와 나의 소중한 친구들에게 작별 인사를 할게. 난 내게 고통을 주었거나 주길 원한 모든 사람들을 용서한다. 단, 자기 목숨을 구하기 위해 우리를 배반한 자와, 우리를 팔아넘긴 자들은 제외하고 말이야. 당신과 당신의 자매, 그리고 멀리서든 가까이서든 나를 아는 모든 친구들을 아주 아주 세게 안아줄게. 당신들 모두를 가슴에 껴안는다. 안녕. 당신의 친구, 당신의 동지, 당신의 남편.

마누시앙 미셸.

추신: 플레장스 가의 가방에 만 오천 프랑이 있어. 그걸 당신
이 가져갈 수 있다면 내 빚을 갚고 나머지는 아르멘(Armène)에게
줘. M. M.[158]

---

158) *La vie à en mourir*, 2003, pp. 287~288.

17. 우리를 때린 짐승들의 명단은 다음과 같다

외젠 클로트리에르(Eugène Clotrier)가 아내와 딸들에게
(1944년 4월 2, 11일)

41세로 생을 마감한 FTP 간부 외젠 클로트리에르의 편지는 중요한 정보들을 많이 담고 있다. "우리를 때린 짐승들의 명단"이란 표현 아래 자신과 동료들을 고문한 파리 경찰관들 7명의 실제 이름을 열거했고, "우리 모두를 체포되도록 넘긴" 배반자의 이름("폴로" 혹은 "폴 C.")도 두 차례나 명시했다. "내 신발과 외투 오른쪽 주머니"에 경찰에 넘겨진 친구들의 주소가 있다는 얘기까지 쓴 것을 보면, 이 편지는 아마도 검열 당국을 거치지 않고 비밀리에 전해졌을 것으로 추정된다.

수도권 전차의 운전기사였던 클로트리에르는 공산당 활동이나 항독운동을 하다가 프랑스 경찰에 세 차례나 체포되었고(1940년 7월, 1942년 9월, 1943년 11월) 두 번이나 탈출에 성공했다. 1943년 9월 이후에는 파리 남부 교외 지역 FTP의 군사 책임자가 되었고, 11월 19일 특별수사대에 체포되었다. 다음 해 3월 23일 파리의 독일군사재판소에서, 앞서 언급한 마누시앙의 직속상관 엡스텐을 비롯한 30여 명의 FTP 대원들과 함께 사형선고를 받았고, 4월 11일 몽발레리앵에서 역시 엡스텐과 함께 총살되었다.[159]

---

159) Pennetier et al., dir., *Les fusillés(1940~1944)*, p. 431; *Lettres de fusillés*, 1946, p. 51.

외젠 클로트리에르(1902~1944)

나의 사랑하는 아내에게,

나의 사랑하는 아이들에게,

내가 사랑하는 모든 이들에게,

우리는 넉 달의 고생 끝에 방금 재판을 받고 가장 무거운 형벌을 받았다. 30명 중 20명이 사형이었어. 고통스럽지만 전혀 아쉽지 않아. 내 의식은 평온해. 내가 괴로운 건 나 때문이 아니라 당신들, 내가 슬픈 운명에 처하게 할 당신들 때문이야. 아직은 내 존재가 필요한 우리 네 명의 소녀를 끝까지 잘 키우려면 당신이 힘을 내야 할 거야.

내 희생은 헛되지 않았을 거야. 우리가 통과한 힘든 시련 끝에 앞으로 올 날들은 모두에게 더 나을 거야. 당신은 변호사 F … 에게서 필요한 정보를 찾을 수 있을 거야. 그가 재판에 참석했어. 하지만 형벌은 15일이 지나기 전까지는 아직 확정된 게 아냐. 사면에 서명해야 하는 사람은 대大파리의 장군[160]이야.

우리 모두를 체포되도록 넘긴 것은 폴로(Paulo)야. 그에 대해 자비란 없다. 그를 다음 기회에 추가하는 문제를 처리하는 것을 친구들과 함께 당신에게 맡길게. 아마도 당신은 나와 함께 있었던 L … 모씨의 방문을 받을 거야. 그 개자식을 조심해. 그는 그다지 존경할 만하지 않아.

FTP에서 내 등록 번호는 5435번이야. 난 지역 군인이야. 내게 무슨 일이 생길 경우 당신과 아이들은 연금을 받을 권리가 있어. 나흘 동안 구타당했지만 전혀 발설하지 않았다는 걸 절대 잊지 마.

나 때문에 죽은 동지는 전혀 없어. 그들은 내가 그룹들을 조직했고 전투하도록 이끌었다고 비난하고 있어. 우리를 때린

---

160) 파리에 본부를 둔 독일 점령 당국의 사령관을 가리킨다.

짐승들의 명단은 다음과 같다. 고트리(Gautherie), 페도(Feydeau), 다비드(David)[가스통 조제프(Gaston Joseph)], 드니(Denis), 르부셰 (Leboucher), 타베른(Taverne), 클랭(Klein). 이들은 진짜 살인자들이 야. 내 신발과 외투 오른쪽 주머니를 뒤져봐. 주름 안에 주소들이 있어. 내게 무슨 일이 생기면 미리 알려줘. 이 친구들 모두 나와 함께 넘겨졌기 때문이야. 그들 모두 당신을 위해 무언가를 할 거야.

… 모든 친구들이여 안녕 ….

온 힘을 다해 당신들을 안아줄게 ….

외젠.

나의 사랑하는 아내와
내 사랑하는 아이들,

방금 내 사면 청원이 거부되었다는 소식을 들었어. 난 수많은 동지들과 함께 오늘 오후 3시에 죽을 거야. 대기 중이야. 이런 가혹한 소식에도 불구하고 난 여전히 강하고 내 과거를 전혀 후회하지 않아. 나는 투사와 좋은 가장으로서의 임무를 언제나 잘 수행해온 정직한 노동자였어.

수치스러워하지 마. 당신이나 우리 네 딸내미나 모두 고개를 들고 걸어다닐 수 있을 거야. 언제나, 독일인들에게 사형을 선고받은 사람의 의연한 아내로 행동해. 절대로 잊지 말라는 것만 부탁할게. 아이들을 좋은 길로 키워줘, 내가 그려온 길로 교육시켜줘. 걔들을 끝까지 키우는 게 힘들 거야. 하지만 제도와, 당신 주위에 남은 좋은 친구들이 당신을 도와주러 올 거야. 내 등록 번호가 5435번이고 지역 군인이었다는 걸 상기해.

당신도, 아이들도 상을 치르지 말 것을 부탁할게. 이게 나의 유언이야. 당신이 원한다면 오직 아이들을 위해 재혼해. 가엾은 딸내미들, 난 걔들이 결혼할 때까지 다른 것을 꿈꿨어. 운명은 걔들의 상황을 다르게 바꿔버렸네.

울지 말고 침착을 유지해 … .

폴 C …가 일어난 이 모든 일의 유일한 책임자라는 것을 꼭 기억해.[161] 나를 사랑했고 내가 사랑하는 모든 이들, 모든 친구들과 가족, 특히 내 여동생, 그녀의 딸과 남편, 세실(Cécile), 마리아(Maria), 어려운 체류 생활 동안 나를 절대 잊지 않았던 우리 동네 모든 친구들을 안아줄게.

나의 사랑하는 아내, 이제 당신 곁을 떠날게. 우리 고된 삶이라는 아름다운 영화를 다시 보면서 당신과 우리 네 딸내미들을 가슴으로 꼭 껴안는다.

키스와 함께,

---

161) 원문의 이탤릭체.

E. 클로트리에르

프랑스 만세, 투사들의 당 만세!

나의 네 딸내미들,

이베트(Yvette), 질베르트(Gilberte), 미셸(Michèle), 릴리안(Liliane).

너희들과 너희들 부모의 생활을 개선하기에 가장 힘든 체제에서 많이 고생한 뒤에, 전쟁에 맞서 투쟁하고 전쟁으로부터 모든 이득을 취하는 자들에 맞서 투쟁한 뒤에, 이 전쟁 때문에 정신적, 육체적으로 고생한 뒤에 나는, 독일군의 우리 땅 침공에 맞서 감히 투쟁했다는 이유로 유능한 프랑스 경찰에게 체포되어 독일 당국에 넘겨졌다. 너무나도 간략한 재판 끝에 독일 당국은 우리 훌륭한 스무 명의 동지에게 극형을 선고했다.

오늘, 마지막 시간의 종이 방금 울렸다. 급작스럽고 어쩌해 볼 도리가 없다.

사랑하는 딸들아, 너희들을 끝까지 혼자서 키울 어머니를 조금이라도 보살펴드리길 부탁한다. 언제나 어머니에게 착하게 굴고 최대한 도와드려라 ….

　나중에 너희들이 크면 이 글을 잘 유념해라. 너희들의 아버지가 너희들에게 쓴 마지막 글이니 말이다. 용감하고 정직한 여성이 되고, 결혼하면 좋은 어머니가 되라. 언제나 너희들의 아빠를 생각하고 아빠가 너희들에게 어땠는지를 기억해라. 아빠는 너희들에게 가장 행복한 삶을 만들어주고 싶었단다. 운명은 다르게 바꿔버렸지만 ….

　그 점을 기억하고, 아빠가 너희들에게 그려준 좋은 길로 계속 살아가라. 이 끔찍한 전쟁이 끝나고 도래할 체제는 너희들에게 우호적이고 미래는 보다 아름다울 거야. 아빠의 희생은 헛된 게 아닐 것이므로 아빠는 좀 더 평온하게 떠난다. 언제나 정직했고 마지막 순간까지도 정직한 아빠의 과거를 기억해라. 고개를 높이 들고, 배반자들에게는 언제나 비타협적이 되어라.

　아빠가 언제나 사랑한 사람들과 온 가족을 세게 안아줘.

　작별 인사를 하기 전에 가슴으로 안아줄게. 백 번 천 번 안아줄게.

　안녕, 내 사랑하는 아이들 … 안녕.

너희들의 아빠,

E. 클로트리에르.[162]

---

162) *Lettres de fusillés*, 1946, pp. 51~56.

3장 인질로 죽다

　독일강점기 프랑스에서 레지스탕스 활동을 이유로 독일군에 총살당한 프랑스인들이 모두 재판소에서 사형을 선고받은 사람은 아니었다. 대략 다섯 명 중 한 명은 사형수여서가 아니라 '인질'로서 총살되었다. 즉, 자신의 레지스탕스 활동이 아니라 다른 이들의 항독 투쟁에 대한 점령 당국의 보복의 일환으로 수감 중에 '인질'로 선정되어 총살되었던 것이다. 주로 공산당계 레지스탕스 대원들의 무장투쟁에 대한 대응으로 인질이 선정되었기 때문에 인질 가운데에는 공산주의자들이 유난히 많았다. 레지스탕스 활동을 해서가 아니라 공산주의자여서 프랑스 경찰에 체포되었다가 인질로 선정된 경우도 많았고, 나치 독일의 '이데올로기적 적敵'인 유대인이어서 인질로 선정된 경우도 많았다.

　인질로 총살된 사람은 약 860명에 달하는 것으로 추산된다. 7종의 『피총살자 서한집』에 편지가 수록된 237명 중에 43명(18.1%)이 그러한 경우였다. 이 가운데 여섯 명의 마지막 편지들을 여기에 수록했다. 17세의 고등학생, 23세의 의대생, 37세의 문학 교사, 39세의 공산당 간부, 44세의 변호사 등 이들의 면모 역시 다양했다.

18. 어느 공산주의자 변호사의 편지

조르주 피타르(Georges Pitard)가 어머니와 아내에게

(상테 교도소, 1941년 9월 19일)

44세의 나이로 몽발레리앵에서 인질로 처형된 변호사 조르주 피타르는 레지스탕스 활동을 했던 것으로 보이지는 않는다. 그가 1941년 6월 25일 프랑스 경찰에 체포된 것은 항독 활동을 해서가 아니라 공산주의자여서였다. 1916년에는 보병으로, 1939년에는 중위로 두 차례의 세계대전에 모두 참전했고, 사회주의청년단과 사회당에 가입했다가 공산당이 사회당에서 분리되어 나오자 공산당에 합류했다. 1926년에 파리에서 변호사가 된 이래 주로 아동, 소상인, 수공업자, 노동자의 권익을 보호하는 데 힘써왔다. 처형되기 전날 어머니와 아내에게 쓴 편지에서 밝혔듯이 그는 평생 "약자들과 불행한 자들을 도왔"고 "오직 가난한 사람들을 도와주기만 생각"했던 것으로 보인다.

1936년 총선에서 파리 제6구의 프랑스공산당 후보로 출마하기도 했고, 1940년 8월 동원해제로 변호사 업무에 복귀한 이후에는 주로 노조운동가들과 공산주의자들을 변호했다. 그는 독일이 소련을 침공하고 나서 사흘 뒤 체포되었고, 1941년 9월 16일 독일군 한 명이 피살된 데 대한 보복으로 나흘 뒤 몽발레리앵에서 동료 변호사 두 명과 함께 총살되었다.[163]

---

163) Pennetier et al., dir., *Les fusillés(1940~1944)*, p. 1,459; *La vie à en mourir*, 2003, p. 53.

1941년 9월 19일 금요일

사랑하는 엄마,

  슬픈 소식을 어떻게 들었어요? 정말이지 불운이 우리를 엄습하네요. 사랑하는 엄마, 먼 곳으로의 여행을 떠나야 할 것 같아요. 오늘 밤 사람들이 상테 교도소에 있는 우리를, 아이예(Hajje)와 롤니카스(Rolnikas)[164]와 저를 찾아 왔어요 … 사랑하는 엄마, 전쟁의 끔찍한 법이 우리를 짓누르므로 이제 우리에게 작별 인사를 해야 해요. 엄마, 저의 마지막 생각은 엄마와 뤼시엔(Lucienne)에 대한 거예요. 힘낼 것이라고 제게 약속해줘요. 엄마는 제가 다정한 아들로서 엄마를 사랑했다는 걸 아실 거예요. 저는 엄마의 공덕, 엄마의 용기, 일생 동안 용기 있고 올바르게 사셨다는 걸 알아요. 지금 이 순간 제게는 얼마나 달콤한 추억인지.

  엄마에게 저의 사랑스런 뤼시엔을 맡길게요. 그 아이를 많이 사랑해주세요. 개에게도 엄마를 많이 사랑해드리라고 말할게요. 저는 우리의 사랑하는 아빠에게 갈게요. 아빠는 가엾은 사람이지만 지금 보면 먼저 떠나신 게 다행스러워요 … 저는 제 삶이 자랑스럽기 때문에 어떠한 고통도 없을 거예요. 저는 제 삶을 올곧게 살아왔고, 비록 짧았지만 바람직하게 살았다고 생각해요.

---

164) 앙투안 아이예(Antoine Hajje)와 미셸리스 롤니카스(Michelis Rolnikas)는 피타르의 친구이자 공산주의자 변호사 동료들로, 피타르와 함께 총살되었다.

저는 제 직업을 열정적으로 사랑했고, 제 직업을 영광스럽게 만들었다고 생각해요. 저는 믿음을 가지고 그 직업에 복무했고, 약자들과 불행한 자들을 도왔으며, 가난한 사람들을 도왔고 불의에 맞서 싸웠어요. 내일 저와 같은 운명을 맞이할 동지들도 같은 일을 해왔어요. 미래는 우리에게 걸맞은 자리를 다시 줄 거예요. 엄마와 뤼시엔, 우리의 사랑하는 친구들에 대해서를 제외하고는 전혀 아쉽지 않아요.

… 안녕, 엄마, 저는 어떤 일이 있더라도 여전히 살아있을 거예요. 그리고 더 나은 시대, 더 조화롭고 더 정의로운 세상이 올 거예요.

엄마를 사랑하는 만큼 안아드릴게요.

조르주.

1941년 9월 19일

나의 사랑스런 리엔(Lienne),

이번에 불행이 우리를 찾아왔으니 당신이 힘을 내야 해. 불행은 번개처럼 덮쳐서 우리를 강타했어. 오늘 밤, 사람들이 아이예와 롤니카스와 나를 찾으러 왔어. 우리 셋 모두 상테 교도소에 있어. 아아! 내 사랑, 난 당신과 몇 분 거리 안에 있어. 당신에게 가는 길은 속속들이 알고 있지. 하지만 내일 우리는 친구들과 함께 아주 멀고 먼 곳으로 큰 여행을 떠날 거야. 내 사랑, 이 밤을 지새우며 내가 생각하는 건 당신이야. 내가 다정스럽게 사랑했던 건 당신이야. 이전에 우리는 싸우곤 했지. 사소한 일로, 우스운 질투 이야기로 아프게 했지. 하지만 당신은 알 거야. 매우 달콤한 우리 사랑이 모든 걸 지배했지.

… 사랑하는 엄마를 만나서 아픔을 다독거려줘. 엄마가 일했던 평생의 삶은 그보다 더 나은 것을 받으실 만해. 엄마를 버리지 마. 내게 약속해줘.

나는 내 삶이 자랑스럽고 내 과거가 자랑스럽다. 난 오직 선한 일만 해왔고, 오직 가난한 사람들을 도와주기만을 생각해왔어. 하지만 당분간 모종의 요인들이 사슬에서 풀려나 모두가 나 같은 사람들에게 불리하게 작용했어. 변호사협회장을 만나서 그에게 내가 변호사협회를 명예롭게 만들었다고 생각한다고 말해줘. 난 믿음을 가지고 종종 열정적으로 내 직업에 복무했어 … .

나 대신에 당신 엄마를 안아드리고, 내가 콩피에뉴 수용소에 있었을 때 베풀어주신 온갖 친절에 대해 감사하다는 말씀을 전해드려줘.

안녕, 내 사랑, 내 사랑스런 딸, 나의 사랑하는 아내.

당신의 사랑스런 조(Geo).[165]

---

165) *La vie à en mourir*, 2003, pp. 50~53.

19. 17살 반, 내 인생은 짧았어요

기 모케(Guy Môquet)가 오데트와 가족에게
(샤토브리앙의 슈아젤 수용소, 1941년 10월 22일)

강점기 프랑스의 피총살자들 가운데 앞서 소개한 마누시앙 못지않게 많이 알려진 인물로는 단연 기 모케를 꼽을 수 있을 것이다. 처형되기 직전 "17살 반"에 죽는다고 편지에 썼던 고교생 모케는 강점기에 인질로 총살된 프랑스인 가운데 최연소자이기도 했다. 그의 아버지 프로스페르 모케(Prosper Môquet)는 1936년 인민전선이 총선에서 승리했을 때 당선된 공산당 의원이었다. 프로스페르 모케는 독소불가침조약 체결과 제2차 세계대전 발발 이후 동료 의원들과 함께 1939년 10월에 체포되었고, 프랑스 국내의 여러 감옥을 거쳐 1941년 4월 알제리 수용소에 수감되었다. 그의 아들 기 모케는 파리의 카르노(Carnot) 고등학교에 다니며 공산주의청년동맹 단원으로서 열성적으로 활동했다. 강점기 초기(1940년 여름)부터 전단을 벽에 붙이거나 공중에 뿌리고 분필로 벽에 구호를 쓰는 등의 활동을 벌였다. 그러다가 1940년 10월 13일 프랑스 경찰에 체포되었다. 다음 해 1월 23일 법정에서 무죄 판결을 받았으나 석방되지 않고 경찰청 유치장, 교도소, 수용소 등에 계속 수감되었다. 1941년 10월 20일 낭트 지역 독일군 사령관이 공산당 레지스탕스 청년들에게 피살되자, 점령 당국은 이에 대한 보복으로 수십 명의 인질을 처형했다. 낭트에서 16명, 몽발레리앵에서 5명이 처형되었고, 피살 장소에서 가장 가까운 샤토브리앙 수용소에서는 가장 많은 27명이 총

기 모케(1924~1941)가 1939년 7월 남동생 세르주 모케와 함께 찍은 사진

살되었다. 10월 22일 아침, 이 수용소에서 처형이 집행되기 몇 시간 전에 총살 대상자로 선정된 27명의 인질 가운데 최연소자가 바로 기 모케였다.

그는 대번에 레지스탕스 영웅의 반열에 올랐다. 1943년에 프랑슈콩테(Franche-Comté) 지역과 브르타뉴(Bretagne) 지역의 FTP 그룹들이 기모케라는 이름을 취했고, 처형 1주기(1942년 10월 22일)에는 손에루아르(Saône-et-Loire) 도의 샤니(Chagny) 시에서 수백 명이 시위를 벌이는 가운데 한 곳의 거리 이름이 '기 모케 가街'로 개칭되기도 했다.

1941년 6월 샤토브리앙 수용소에 어머니와 남동생이
마지막으로 면회 왔을 때 함께 찍은 사진

전후에는 파리의 거리 한 곳과 지하철역이 그의 이름으로 바뀌었
고, 곧 프랑스 전국에서 약 50개의 도시들이 거리와 대로 명칭을 기 모
케로 바꾸었다. 또한 전국 도처에서 기 모케의 이름을 취한 체육관, 수
영장, 경기장, 청소년회관이 생겨났고, 고등학교 한 곳, 중학교 세 곳, 초
등학교 두 곳, 유치원 두 곳이 그의 이름을 취했다. 그에 대한 기억과 기
념은 현재까지도 이어지고 있다. 그의 초상화를 담은 우표가 발행되었
고, 그의 삶을 다룬 단편영화가 TV에서 방영되었으며, TV 극영화가 두
편(2008, 2012)이나 제작되었다. 2007년에 사르코지(Sarkozy) 대통령은 기

1941년 9월 샤토브리앙 수용소에서 동료 수감자들과 함께 찍은 사진.
뒷줄 오른쪽에서 세 번째가 기 모케다.

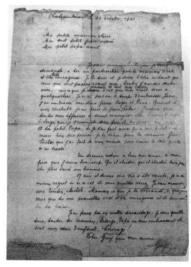

기 모케가 가족에게 쓴 마지막 편지

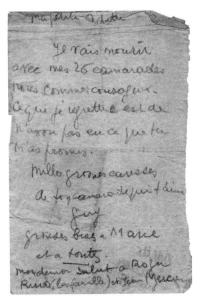

기 모케가 오데트에게 쓴 편지

1946년 1월 파리의 한 지하철역(마르카데-발라니 역) 이름을
'기 모케 역'으로 교체하는 모습

현재의 '기 모케 역'(지하철 13호선)

모케의 마지막 편지를 프랑스 전국의 모든 고등학교에서 매년 10월 22일 읽게 할 것이라고 발표했다. 이러한 편지 낭독 의무화 조치는 상당한 논쟁을 야기했고 교원들의 항의를 낳기도 했다.[166]

---

166) Pennetier et al., dir., *Les fusillés(1940~1944)*, pp. 1,315~1,318; *La vie à en mourir*, 2003, p. 86; 이용우, 「기 모케 사건: 역사, 기념, 논쟁」, 『이화사학연구』 63, 2021, 488~489쪽.

나의 사랑하는 오데트, [167)

난 26명의 동지들과 함께 죽을 거야. 우리는 씩씩해.

내가 아쉬워하는 것은 네가 내게 약속한 것을 못 받았다는 거
야.

너를 사랑하는 네 동지의 애정을 보낸다.

기.

마리(Marie)와 모두에게 커다란 키스를.

로제(Roger), 리노(Rino), (가족) 그리고 장 메르시에(Jean
Mercier)에게 마지막 인사를 보낸다.

샤토브리앙, 1944년 10월 22일

내가 사랑하는 엄마,

내가 열렬히 사랑하는 동생,

---

167) 오데트 르클랑(Odette Leclan)은 당시 기 모케의 여자 친구였다. 공산당계 여
성 대중 조직인 프랑스여성청년동맹(UJFF)의 활동가였고, 모케와 마찬가지
로 슈아젤 수용소에 수감된 상태였다.

내가 사랑하는 아빠,

난 죽을 거야! 내가 당신들, 특히 사랑하는 엄마에게 부탁하
는 것은 힘을 많이 내시라는 거예요. 난 용감해요. 난 앞서 쓰러
진 사람들처럼 용감해지고 싶어요. 물론 난 살고 싶었을 거예요.
하지만 내가 진심으로 원하는 것은 나의 죽음이 무언가에 도움이
되는 거예요. 난 장(Jean)을 껴안을 시간이 없었어요. 난 나의 두
형제 로제와 르네(René)를 껴안았어요. 내 진짜 형제[168]로 말하자
면, 아아! 껴안을 수 없어요. 내 소지품 모두가 네게 보내지길 바
라. 그것들은 세르주에게 도움이 될 수 있을 거야. 언젠가 세르주
가 내 물건들을 갖고 있는 것을 자랑스러워하길 기대할게.

사랑스런 아빠, 제가 사랑스런 엄마에게게처럼 아빠에게도 많은
고통을 드렸지만 아빠에게 마지막으로 인사할게요. 아빠가 제게
그려주신 길을 따라가기 위해 제 일을 더 잘했음을 알아주세요.

내 친구들 모두에게, 내가 많이 사랑하는 동생에게 마지막 작
별 인사를 보낸다. 세르주가 공부하길, 나중에 어른이 될 수 있도
록 열심히 공부하길 바란다.

17살 반, 내 인생은 짧았어요. 난 여러분 모두를 떠나는 것 외

---

168) 기 모케의 남동생인 세르주(Serge).

에는 아쉬움이 전혀 없어요. 난 탱탱(Tintin),[169] 미셸(Michels)[170]
과 함께 죽을 거예요. 엄마, 제가 부탁하는 것, 엄마가 제게 약속
해주시길 바라는 것은 힘내시고 아픔을 이겨내시라는 거예요.

더 이상 쓸 수 없어요. 당신들 모두, 엄마, 세세르주(Séserge),
아빠를 아이처럼 진심으로 껴안고 떠날게요. 힘내요!

당신들을 사랑하는 당신들의 기.

기.[171]

---

169) 장피에르 탱보(Jean-Pierre Timbaud, 1904~1941). 공산당계 노총인 통일노동총
동맹(CGTU, 1931~1934)과, 노총 통합 이후 노동총동맹(CGT, 1936~1939)의
파리 지역 금속연맹 간부를 역임했다. 기 모케와 같은 날 같은 장소에서 인질
로 총살된 26명 가운데 한 사람이다.
170) 샤를 미셸(Charles Michels, 1903~1941). 통일노동총동맹(1929~1935)과 노동
총동맹(1936~1939)의 피혁연맹 서기, 공산당 의원(1936~1940)을 역임했다.
기 모케와 함께 총살된 26명 가운데 한 사람이다.
171) *La vie à en mourir*, 2003, pp. 84~85.

20. 나는 곧 노래하는 내일을 준비할 거야

가브리엘 페리가 오데트 모로(Odette Moreau)[172]에게

(세르슈미디 교도소, 1941년 12월 14일)

프랑스에서 '강점기 해방에 대한 열망'이나 '해방된 새로운 사회'에 대한 비유적 표현으로 종종 "노래하는 내일"이란 문구가 사용되었는데, 그러한 문구를 유명하게 만든 것이 바로 이 서한이다. 39세의 공산당 지식인 가브리엘 페리가 총살당하기 전날 밤 자신의 변호사에게 보내는 마지막 편지에서 "나는 곧 노래하는 내일을 준비할 거야."라고 썼던 것이다. 사실, "노래하는 내일"이란 표현을 처음 쓴 것은 페리 자신이 이 편지에서 밝히고 있듯이 또 다른 공산당 지식인인 폴 바이앙-쿠튀리에 (Paul Vaillant-Couturier)였다.

두 사람은 비슷한 점이 많았다. 둘 다 사회주의자였다가 프랑스공산당 창당 이후 공산주의자가 되었고, 공산당 의원이었으며, 공산당 기관지인 『뤼마니테』의 언론인이었다. 바이앙-쿠튀리에는 1921년부터 심근경색으로 급사한 1937년까지 공산당 의원이었고, 1926년부터 『뤼마니테』의 편집장이었다. 그보다 10년 연하인 페리는 1932년부터 면직된 1940년 1월까지 공산당 의원이었고, 1924년부터 1939년까지 『뤼마니테』의 '국제 생활'란을 담당했다.

또한 페리는 1924년부터 1929년까지, 그리고 1932년부터 공산당 중

---

172) 가브리엘 페리의 변호사.

가브리엘 페리(1902~1941)

앙위원회 위원(1932~37년은 대리위원)이기도 했다. 그는 뛰어난 분석가
이자 재능 있는 연사였다. 정부의 당 기관지 불법화 조치로 지하신문이
된 『뤼마니테』를 계속 발간하는 데 중요한 역할을 했고, 독일의 소련 침
공 이전에(1941년 3~4월) 『아니다. 나치즘은 사회주의가 아니다』라는 제
목의 소책자를 쓰기도 했다. 1941년 5월 18일 한 연락 요원의 배반과 밀
고로 체포되었고, 그해 12월 15일 68명의 다른 인질들과 함께 몽발레리
앵에서 총살되었다.

　여기 수록한 페리의 마지막 서한은 강점기 당대부터 많이 알려졌

다. 총살되고 나서 불과 한 달여 뒤인 1942년 1월 23일 지하신문 『뤼마니테』에 서한의 일부 내용이 실렸고, 곧 런던의 드골 장군에게 전달되어 '자유프랑스'의 대변인 모리스 슈만(Maurice Schumann)에 의해 BBC 방송에서 낭독되기까지 했다. 또한 많은 레지스탕스 그룹들이 가브리엘 페리라는 이름을 취했고, 루이 아라공이 두 편의 시를 페리에게 헌정했다. 1947년에 『노래하는 내일』이란 제목으로 페리의 자서전을 출간한 것도 아라공이었다.

1944~47년에는 프랑스 전국 도처의 여러 도시들에서 수많은 광장과 거리들이 '가브리엘 페리'로 이름을 바꾸었고, 1980년에는 새로 문을 연 파리 13호선 지하철역이 '가브리엘 페리-아니에르-젠빌리에'(페리 뒤의 두 단어는 파리 교외 지명이다.)라는 이름을 취했다가 2008년에 '가브리엘 페리 역'이 되었다.[173]

일요일 20시

매우 소중한 친구,

방금 세르슈미디 부속 사제가 내가 곧 인질로 처형될 것이라고 알려줬어. 이는 이 시대 장편소설의 마지막 장이 될 거야.

---

173) Pennetier et al., dir., *Les fusillés(1940~1944)*, pp. 1,415~1,419; *La vie à en mourir*, 2003, pp. 108~109.

… 내가 당당하게 죽는다고 마틸드(Mathilde)[174]에게 알려줄 사람은 당신이야. 그녀가 누릴 자격이 있는 건실한 삶을 언제나 살 수 있게 하지 못한 점이 후회된다고 그녀에게 말해줘. 하지만 미망인 베일을 당당히 쓰라고 말해줘.

그녀가 나의 사랑스런 조카딸을 내가 살아온 정신으로 키워주길 바라.

… 내가 맡겨놓은 소지품을 세르슈미디 교도소에 요구하길 부탁할게. 아마도 내 서류들 중 일부는 나를 추모하는 데 도움이 될 거야. 내가 일생 동안의 이상理想에 충실했다는 것을 친구들이 알길 바라. 내가 프랑스가 살기 위해 죽을 것임을 동포들이 알길 바라. 난 마지막으로 양심을 시험했고 결과는 매우 긍정적이야. 당신들도 이러한 시험을 되풀이하길 바란다. 난 인생을 다시 시작하더라도 같은 길을 갈 거야.

오늘 밤 나의 소중한 폴 바이앙-쿠튀리에가 그리도 옳게 말했던 것, 즉 공산주의는 세상의 청춘이며, 노래하는 내일을 준비한다고 말한 것[175]이 생각나.

나는 곧 노래하는 내일을 준비할 거야.

내가 죽음에 직면하는 데 스스로 강하다고 느끼는 것은 아마도 마르셀 카솅(Marcel Cachin)[176]이 나의 스승이었기 때문일 거야.

---

174) 가브리엘 페리의 배우자. 1981년에 사망할 때까지 '피총살자유족협회' 회장을 역임했다.

175) 바이앙-쿠튀리에의 시 「청춘」에 나오는 한 구절이다.

176) 마르셀 카솅(Marcel Cachin, 1869~1958). 사회당 지도자였다가 1920년 투르(Tours) 대회의 공산당 창당 이후 그 당을 이끌었다. 1958년에 사망할 때까

안녕, 그리고 프랑스 만세.

가브리엘.[177]

지 프랑스공산당의 정치국원, 중앙위 위원을 지냈고 하원의원(1914~1928,
1945~1956)과 상원의원(1935~1939)을 역임했다.

177) *La vie à en mourir*, 2003, pp. 107~108.

21. 무정부주의자의 분별없는 행위로 죽는다

앙리 바네텔(Henri Bannetel)이 부모와 친구들에게

(콩피에뉴 수용소, 1941년 12월 9일; 세르슈미디 교도소, 1941년 12월 14일)

23세의 의대생 앙리 바네텔은 앞서 본 페리와 같은 날 같은 장소에서 인질로 총살당했다. 1941년 12월 15일 몽발레리앵에서 69명의 인질이 집단으로 처형된 것(같은 날 캉에서 13명, 샤토브리앙에서 9명, 퐁트브로에서 4명이 처형되었다.)은 당시 공산주의자들이 수행한 일련의 무장투쟁(독일군에 대한 공격)에 대한 보복으로 이루어진 것인데, 이에 대해 바네텔은 처형 직전에 쓴 마지막 편지들에서 자신이 "어느 무정부주의자의 분별없는 행위", "테러 행위"에 대해 대가를 치르는 것이라고 표현했다. 그 자신 공산주의자이므로 이는 다소 놀라운 표현이다. 공산당의 무장투쟁 전략이 본격적으로 시작(1941년 7월)되기 전에 체포되었으므로, 그 '테러 행위'의 주체가 공산주의자들이었음을 몰랐거나 (알았더라도) 그것이 프랑스공산당의 공식 노선이었음을 인지하지 못했을 가능성이 있다.

그는 브르타뉴 지역의 도시 렌(Rennes)에서 의대를 다녔고, 공산주의청년동맹에 가입하여 1940년부터 대학 내에서 여러 레지스탕스 그룹을 조직했다. 1941년 초에는 공산주의청년동맹의 일레빌렌(Ille-et-Vilaine) 도 책임자가 되었고, 그해 5월에는 공산당계 항독 대중조직인 민족전선의 렌 지역 청년 조직 책임자가 되었다. 독일의 소련 침공 사흘 뒤인 1941년 6월 25일 독일인들에게 체포되었고, 그해 12월 15일 몽

발레리앵에서 총살당했다.[178]

1941년 12월 9일

친애하는 친구들,

이 편지는 너희들이 받을, 내 마지막 자필 편지다. 이 편지를
받을 때는 이미 신문을 통해 내가 죽었다는 소식을 들었을 거야.
며칠 전 너희들에게 보냈던 편지에서 우리가 지금까지 겪은, 지
루하지만 견딜 만한 생활 조건에 대해 말했다. 이제 우리의 행정
적 상황에 대해 말할 차례다. 우리는 실제로 인질로 간주되었고,
어떤 무정부주의자가 저질렀을 테러 행위에 대해 '대가를 치르기
위해' 인질로 총살될 거야.

난 시험 통과 승인을 기다리는 동안, 9명의 다른 수감자와 함
께 불려가 수용소 한구석의 독방에 수감되어 총살되기를 기다렸
다. 그렇게 23세에 죽는다는 건 힘든 일이지만 난 죽음 앞에서도
평온할 거야. 지금 너희들에게 편지 쓸 때처럼 말이야. 난 절대
적으로 평온한 의식을 가진 상태로 죽는다. 불쌍한 건 내가 아냐.
난 단지, 그리도 열정적이었던 의학도로서의 학업 생활을 계속

---

178) Pennetier et al., dir., *Les fusillés(1940~1944)*, p. 122; *Lettres de fusillés du Mont-Valérien(1940~1944)*, p. 89.

이어나가지 못하고 당직실의 즐거운 분위기를 더 이상 느낄 수 없는 것만 아쉬울 뿐이야. 곧 나는 죽음의 체험이라는 부럽지 않은 비밀을 알게 될 건데, 이건 나의 마지막 생리학 과제가 될 거야. 이제 너희들 모두와 진심 어린 악수를 나눈다. 그리고 교수님들께 작별 인사를 전해드리길 부탁할게.

안녕.

앙리 바네텔.

1941년 12월 14일 일요일 21시

사랑하는 부모님,

이 편지는 제 마지막 편지예요. 아마도 신문에서 제 사망 소식을 듣고 난 뒤에 이 편지를 받으실 거예요. 몇 시간 전에 온 세르슈미디 교도소에서 방금 우리는, 내일 아침 인질로 처형될 거라는 통보를 받았어요. 왜 다른 이들이 아니라 우리인지는 전혀 모르겠어요. 우리는 8월부터, 외부에서 자행된 테러에 대한 보복으로 인질로 간주된다는 통보를 받았어요. 이미 지난 9월에 세 명의 변호사가 우리 수용소에 잡혀 와서 다음 날 총살되었어요. 이번엔 운명이 10명의 수감자를 지명했고 그중에 제가 포함되었어요. 지난 월요일 17시에 제가 불렸는데, 시험에 통과되었다는 소식인 줄 알았는데 전혀 아니었어요 … 그때 이후 우리는 콩피에뉴 수용소의 고립된 한 건물 독방에 수감되었어요. 3일 동안 격정하며 기다린 끝에 로맹빌 요새로 이송되었어요. 우리 운명이 아직 확정된 게 아니라고 믿고 싶었어요. 우리를 셰르슈미디로 데려가기 위해 사람들이 찾아온 건 오늘 오후가 되어서였어요.

제 손은 떨리지 않아요. 저는 곧 있을 총구 앞에서도 떨지 않을 거예요. 제 의식은 완전히 평온해요. 불쌍한 건 제가 아니에요. 곧 우리는 어느 무정부주의자의 분별없는 행위에 대해 이중으로(왜냐하면 죽음을 기다리는 엿새 동안 이미 대가를 치렀다고 생각하기 때문에) 대가를 치를 거예요. 도대체 왜 하필 우리인가요?

인생을 즐기지도 못하고 23세에 죽는다는 건 힘들어요. 하지만 죽는 데 아쉬움은 별로 없어요 … .

부모님 사진이 있는 지갑을 빼앗긴 건 안타까워요. 하지만 부모님의 모습은 제 가슴속에 있어요. 콩피에뉴 수용소에 있는 동지들이 우리가 기다리며 받는 고통을 경감시켜주고자 과자류와 담배를 보내줬어요. 그들에겐 이 모든 게 극히 부족했기 때문에 이런 행위는 우리에게 무한한 감동을 줬어요.

방금 사제가 의식을 해주러 왔어요. 전 거부했어요. 제 머릿속은 기묘하게도 무한히 평온해요. 지금은 망설임이나 불안이 더 커졌지만 결심했어요. 마지막 순간에 제 태도가 어떨지는 모르겠어요. 일생 동안 애썼듯이 마지막 순간에도 평온하고 의연한 태도를 보일 거라 생각해요.

… 우리는 오늘 오후 파리를 통과했어요. 삶이 계속되고 여자

들과 아이들이 웃는 걸 보니 매우 기묘한 기분이 들었어요. 하지만 어쨌든 나쁜 순간은 곧 지나갈 것이고, 우리 다음에 삶은 훨씬 더 아름답게 지속되길 바라요.

… 제게 신경을 많이 써준 제 동지들과 의학 전문학교 교수님들께 감사드리세요. 제 학습서들은 가난한 학생들에게 주시고 제 옷들은 옷이 없는 사람들에게 주셔도 돼요. 부모님 마음에 드는 것은 간직하시고 나머지는 주세요. 제겐 더 이상 필요 없을 거예요. 부모님이 보시기에 좋은 쪽으로 사용하세요.

저의 수감 및 처형 동지들도 저만큼이나 평온하다는 말씀을 꼭 드리고 싶어요. 이들은 프랑스 방방곡곡에서 왔고 젊은이들도 있고 나이 든 이들도 있어요. 로맹빌을 떠날 때 5명의 유대인이 우리에게 합류했는데 아마도 이들은 우리와 함께 총살될 거예요.

사랑하는 부모님, 이번엔 정말로 부모님 곁을 떠나요. 어떠한 고통도 이겨내시길 빌게요. 편지를 마치며 세차게 그리고 따사롭게 안아드릴게요.

부모님을 사랑하는 아들 앙리.[179]

179) *Lettres de fusillés du Mont-Valérien*(1940~1944), pp. 86~89.

22. 손수건에 쓴 편지

펠릭스 카드라가 아내와 어머니에게

(파리경찰청 유치장, 1942년 3월 12일; 프렌 교도소, 1942년 4월 29일~5월 19일)

36세로 몽발레리앵에서 생을 마감한 공산당 간부 펠릭스 카드라에 게는 마지막 편지를 쓰는 것조차 허용되지 않았다. 따라서 여기 수록된 편지들 가운데 첫 번째 것은 가족이 면회 왔을 때 일곱 살 딸의 외투 안 감에 몰래 밀어 넣은 것이고, 두 번째 것은 손수건 위에 썼다가 총살된 뒤 가족이 돌려받은 그의 외투 안감 속에서 발견된 것이다. 그렇게 검 열 당국의 눈길을 피할 수 있었기 때문에 프랑스 경찰이 자신을 72시간 동안 굶기고 게슈타포가 5일 동안 고문한 사실을 폭로할 수 있었다.

레이스 세공품 디자이너였던 그는 1924년에 공산주의청년동맹에 가입하고 1932년에 프랑스공산당에 입당한 이후, 칼레(Calais) 시의원 (1935), 파드칼레(Pas-de-Calais) 지역당 서기(1936)를 거쳐 1937년 당 중앙 위원회 대리위원직에까지 올랐다. 1941년에는 민족전선 창설 작업에 참여하고, 이후 FTP가 될 조직들을 만드는 작업에도 관여했다. 그러다 가 1942년 2월 15일 파리에서 프랑스 경찰의 특별수사대에 체포되었 다. 프랑스 경찰과 게슈타포의 잇달은 고문에도 발설하지 않았고, 프렌 교도소의 독방에서 밤낮으로 수갑이 채워지고 사슬에 묶여 있다가, 그 해 5월 30일 몽발레리앵에서 3명의 인질과 함께 총살되었다.[180]

---

180) Pennetier et al., dir., *Les fusillés(1940~1944)*, pp. 322~324; *La vie à en mourir*, 2003, pp. 173~174.

펠릭스 카드라(1906~1942)

1942년 3월 12일

내 사랑들,

나의 예쁘고 명민한 사랑스런 마리[181]가 전해준 반가운 소식
을 듣고 내가 얼마나 크게 흥분했는지 쉽게 짐작이 갈 거야. 그
소식은 내가 연명하는 불결한 감옥에서 커다란 햇빛과도 같았고,
먼바다에서 불어온 순수한 공기의 생기를 주는 바람과도 같았다.
생명력, 영원한 생명력이 마리와 함께 스며들었고, 마리의 기분
좋은 소식이 감옥에 스며들었다. 동료들과 나, 우리는 눈가에 눈

181) 펠릭스 카드라의 장녀로, 당시 7세였다.

물이, 달콤한 눈물이 고였어!

내 사랑들, 이 탄생이 반가운 징조라는 걸 알지? 사랑스런 조르제트(Georgette)[182]는 세상을 새로 바꿀 또 다른 탄생, 즉 새로운 프랑스의 탄생에 몇 주 앞서 태어났다. 난 이 새로운 프랑스의 탄생을 위해 10년 전부터 쉬지 않고 중단 없이 힘 있게 투쟁해왔다.

내 마음 전체가 평온하고, 그래, 완전히 침착한 것은 그 때문이야. 왜냐하면 난 나의 소중한 자식들이 모든 구속으로부터 해방된 세상에서 행복한 유년기와 청년기를 보낼 것이라 확신하기 때문이야 ….

당신들, 사랑하는 아내와 좋은 할머니도 힘내고 평온하길 바라요. 그리고 고개를 높이 들고 다녀요. 나의 대단한 누이[183]가 그렇듯이, 그 어떤 것도 나를 겁먹게 할 수 없을 거야.

… 사는 것의 행복과 기쁨이 아주 가깝게 도래했다. 그게 믿음과 용기를 가지고 역경에 맞서야 하는 이유다.

… 나 역시 투쟁을 계속하는 데 정신적으로 매우 자유롭다 … 또한 투쟁은 완강하게 계속된다.

… 곧 아름다운 날이 올 것이고 사랑스런 조르제트는 이로부터 크게 득을 볼 거야.

---

182) 펠릭스 카드라의 차녀로, 1942년 3월 8일에 태어났다.

183) 조르제트 카드라(Georgette Cadras). 1912년생의 프랑스여성청년동맹 전국 지도자. 1941년 3월 26일 체포되어 프랑스 법정에서 10년 금고형을 선고받고 독일 라벤스브뤼크 수용소로 강제 이송되었다.

… 나의 사랑하는 엄마, 이제 두 번째로 할머니가 되셨네요. 엄마는 아이들을 많이 사랑하시니까 우리 조르제트가 잠에서 깨어나는 것을 보면 기분 좋은 감동을 느끼실 거예요.

… 엄마는 언제나 도래할 것이라고 믿어온 이 새로운 세상에서 여러 해 더 행복하게 사실 거예요 ….

사랑하는 아내와 어머니, 둘 다에게 특히 나의 대단한 누이동생 조르제트를 돌봐달라고 부탁할게요. 1년 전부터 조르제트는 감옥에서 배고픔과 추위로 고생하고 있어요 … 난 여기 온 지 얼마 안 되었고 앞으로도 얼마 없을 거예요. 난 남자이고 육체적으로 조르제트보다 훨씬 더 잘 견뎌낼 수 있어요. 그래서 당신들의 안 그래도 얼마 안 되는 몫에서 떼어내 보내야 할 식량은 조르제트에게 보내야 해요. 난 버틸 수 있고 서기과에 400프랑 이상이 아직 남았어요. 난 매일 구내식당에서 간단한 좋은 식사를 사먹을 수 있고 지금까지 그다지 고생하지 않았어요.

조르제트는 버텨야 해요. 매우 가까운 미래를 위해 내가 믿고 의지할 사람은 조르제트예요. 그래서 조르제트가 몇 주 더 버티도록 할 수 있는 모든 일을 다해야 해요.

누이동생 조르제트가 사랑스런 조르제트가 태어난 걸 보고 기뻐했으면 좋겠어. 내게 닥친 돌발 사건[184]은 조르제트에게 아직 말하지 않으면 좋겠고 최대한 나중에 말하는 게 가장 좋아. … 다시 한번 강조할게. 조르제트를 먼저 돌봐야 하고 난 그다음

---

184) 1942년 2월 15일 자신이 체포당한 것을 가리킨다.

이야.

여기서는 모든 친구들이 내게 먹거리를 보내고 있어. 그 친구들이 구내식당에 갈 기회가 더 많거든.

경찰청을 떠난 지 곧 3주가 되어가네, 줄곧 기다리는 중이야. 사람들이 나를 어떻게 하고 싶어 하는지 아직 모르겠어. 난 자신의 의무를 수행한 자들, 아무것도 무서울 게 없는 자들답게 평온하게, 내게 남겨진 운명을 조용히 기다리고 있어. 난 희망을 잃지 않았어. 왜냐하면 가장 두꺼운 벽들도 뚫는 소식들이 좋고, 매우 좋기까지 하기 때문이야. 모든 게 아주 빨리 좋아질 수 있어.

내 아버지의 힘, 내 당의 사랑이 나를 바위처럼 강하게, 불굴의 존재로 만든다.

당신들 모두, 화합하고 서로 사랑하고, 성큼 다가오는 행복한 날들을 기다리며 더욱 강해지길 바라요.

… 당신들에게 당신들의 아들, 남편, 아빠의 수많은 좋은 생각을 보내요.

펠릭스 카드라.

첫날 나는 퓌쇠 장관[185]에게 맞았다.[186] 그들은 나를 72시간

---

185) 피에르 퓌쇠(Pierre Pucheu, 1899~1944). 1941년 7월부터 1942년 4월까지 비시 정부의 내무부 장관이었다.
186) 내무부가 관할하는 프랑스 경찰에 체포된 사실, 혹은 경찰관들에게 구타당한 사실을 비유적으로 표현한 것으로 보인다.

동안 굶겼다. 이를 알려라.

담배가 없고 언제나 혼자, 혼자다!! 나는 (뒤로) 수갑[187]이 채워져 있다. 3월 20일 이후 독서도, 산책도 없었다. 언제나 매우 배고프다. 5일 동안 "심문"[188] 받았다. 매우 힘들다. 이 모든 것에도 불구하고 나의 의식은 맑다. 용감하게 고개를 들어라!!

서로 사랑해라. 고립되지 마라. 우리의 자랑스런 이름이 도처에 있어야 한다. 내 아이들은
내일을 실컷 즐겨야 한다.

당신들은 나를 자랑스러워할 수 있다. 나는 내 이상理想, 우리의 대의를 저버리지 않았다. 우리의 매우 소중한 친구들에게
그렇게 말해줘. 난 당신들을 온 힘을 다해 사랑한다. 내가 죽어야 하더라도 끝까지 내 곁에 있어줘 내 사랑들, 내 (5) 사랑들.
42.4.29

… 어머니
… 마리

---

187) 모든 밑줄은 원본 자체에 있는 것이다.
188) 고문을 가리키는 것으로 보인다.

내 대단한 친구에게 그가 내게 가졌던 믿음은 중단 없이 가치 있었다고 말해줘. 오늘 4월 29일 난 언제나 우리 프랑스 인민에 의해 구해지기를 바란다. 당신들을 사랑해.

4월 29일

이제부터 나는 나의 소중한 도시와 내가 태어난 지방이 여전히 프랑스의 것으로 남을 것임을 확신하고, 영원한 프랑스가 또다시 이 세계 도처에 자유의 햇불을 가져다줄 것임을 확신한다.

1942년 4월 29일

4월 30일 프랑스공산당과 당 지도자 만세.
JC[189]와 스탈린 만세!

희망의 기억 5월 2일

5월 15·16일
5월 4일 여전히 희망. 카테린(Catherine)[190]과 몇 마디 주고받았다.

5월 6일

---

189) 공산주의청년동맹(Jeunesse communiste)을 가리킨다.
190) 펠릭스 카드라의 배우자.

5월 9일

마리가 일곱 살이다.

10일 희망이 많다.

5월 10일

그들은 우리에게서 심지어 당신들의 <u>편지</u> 당신들의 <u>사진</u>까지

가져갔다. <u>절대 잊지 마라.</u>

5월 11일 큰 희망.

5월 14일

5월 19일[191]

---

191) *La vie à en mourir*, 2003, pp. 167~172.

23. 어리석음과 가혹함의 희생자로 죽는다

레옹스 라발이 아내에게

(로맹빌 수용소, 1942년 9월 20일)

37세의 문학 교사 레옹스 라발이 몽발레리앵에서 인질로 총살된 것은 그로부터 나흘 전 파리의 한 영화관에서 공산당계 레지스탕스 대원들의 공격으로 수십 명의 독일 장교들이 죽거나 다친 데 대한 보복으로 이루어진 것이었다. 라발은 이를 두고 마지막 서한에서 "한쪽 사람들의 어리석음과 다른 쪽 사람들의 가혹함의 희생자"로 자신이 죽는다고 썼다. 앞서 소개한 앙리 바네텔이 공산주의자였음에도 너무 일찍 체포되어 무장투쟁 노선이 공산당의 새로운 공식 정책이었음을 몰랐을 것이고 그래서 "무정부주의자의 분별없는 행위"라고 보았다면, 라발의 경우는 공산주의자가 아니었기 때문에 "한쪽 사람들의 어리석음"이라고 표현했던 것으로 보인다. 『피총살자 인명사전』에는 그가 "공산당의 레지스탕스에 가담했다."라고 쓰여 있지만, 실제로 그가 공산당이나 공산당계 조직들에 가입했다는 기록은 전혀 없다. 인명사전 자체가 그를 "급진사회당 지도부의 일원"으로 표기하고 있다. 게다가 여기 수록한 서한에서 그는 "내가 단호히 거부한 행동 방식을 취한 당과 무관하다."라는 걸 모든 이들에게 상기시켜달라고 썼다. 즉, 그는 자신이 공산당과 무관하며 그 당의 무장투쟁 노선은 자신이 "단호히 거부"한다는 것을 명확히 했던 것이다.

어쨌거나 독일 점령 당국은 1942년 9월 17일 FTP 대원들의 공격으

레옹스 라발(1905~1942)

로 58명의 독일 장교가 죽거나 다친 데 대한 보복으로, 나흘 뒤 정확히
그 두 배에 해당하는 수인 116명의 수감자를 인질로 지정하여 총살했
다. 70명은 보르도에서, 라발을 포함한 46명은 몽발레리앵에서 그렇게
총살되었다. 그가 왜 1942년 3월 5일 프랑스 경찰에 체포되었는지, 그
리고 왜 인질로 선정되었는지는 알 수 없다.[192]

192) Pennetier et al., dir., *Les fusillés(1940~1944)*, pp. 1,050~1,051; Cameron, dir., *Le Mont-Valérien*, p. 226.

열렬히 사랑하는 조제트(Josette),

이젠 어떤 희망도 더 이상 허락되지 않네.
우린 내일 인질로 총살될 거야.
이제 난 지금 이 순간 내 가슴에서 느끼는 의연함과 같은 자
세로 죽음을 향해 걸어가길 바랄 뿐이야. 그렇게 될 거야. 당신에
게 이 마지막 생각이 전달되었으면 좋겠어. 의연해져.
나에 대한 기억을 짐스럽게 너무 많이 갖지 마. 우리 작은 천
사, 우리의 자크(Jacques)를 위해 재혼하는 걸 생각해봐. 나중에 난
내 역할을 했고, 그것도 멋지게 했고, 죽은 나의 혼—그런 게 있다
면—은 당신을 전혀 비난하지 않을 것이라고 말할 거야. 나는 절
대적으로 무죄—로베르(Robert)도—이고, 내가 단호히 거부한 행동
방식을 취한 당과 무관하다는 걸 모든 이들에게 상기시켜줘. 난
한쪽 사람들의 어리석음과 다른 쪽 사람들의 가혹함의 희생자로
죽는다. 난 모두를 용서한다. 이 편지는 내가 내 피를 주는 걸 바
랄 뿐, 다른 사람들의 피를 쏟는 걸 갈망하지 않았다는 걸 상기시
킬 거야.
당신의 부모님, 내 누이들, 내 형제, 내 친구들을 안아줘. 난
한 명의 예외도 없이 모두를 생각할 거야. … 난 나에 대한 기억
이 인간에게 명예가 될 수 있는 인간에 대한 기억으로 남을 것임
을 안다 … .

안녕, 나의 아름다운 사람.

1942년 9월 20일

앞 카드에서 계속

··· 난 도덕적으로 완벽히 순수한 상태로 죽을 거야. 내가 나
자신에게서 발견하는 놀랄 만한 차분함은 아마도 그 때문일 거
야. 내 사랑들, 당신들의 가장 확실한 버팀목을 빼앗긴 삶에서 당
신들을 위협할 위험이 분명히 의식되지만 말이야···.

··· 더 잘 죽기 위해선 잊는 척할 줄 알아야 한다.

레옹스. [193]

---

193) *Lettres de fusillés du Mont-Valérien(1940~1944)*, pp. 144~146.

3부

역사에서 기억으로

— 독일강점기 프랑스의 최대 처형장 몽발레리앵

프랑스인들에게 제2차 세계대전은 제1차 세계대전과 여러모로 대비된다. 전 국민이 단합하여 독일에 맞서 4년 내내 치열한 전투를 벌였고 영광스런 승전으로 끝났던 제1차 세계대전과 달리, 제2차 세계대전 때는 비록 전투 기간은 짧았으나(1940년 5~6월의 '프랑스 전투'와 1944년 6월부터 그해 말까지의 '해방 전투') 대부분의 기간 동안 독일의 점령과 지배를 당해야 했고, 영토는 '점령지구'와 '자유지구'로 분할되었으며, 고위 정치인에서 일반 시민에 이르기까지 많은 국민들이 나치 독일에 협력해야 했고, 종전終戰조차 연합군의 결정적인 개입 덕분에 실현되었다.

'제2차 세계대전 기억의 장소들'에 대한 책을 펴낸 세르주 바르셀리니(Serge Barcellini)와 아네트 비비오르카(Annette Wieviorka)의 표현을 빌리면, 프랑스인들에게 제2차 세계대전은 제1차 세계대전보다 "더 복합적이고 더 다양한 형태의" 전쟁이었다.[194] 이러한 상황에서 프랑스인

---

* 이 글은 이용우, 「몽발레리앵(Mont-Valérien)-역사, 기억, 기념」, 『서양사론』 148, 2021을 수정·보완한 것이다.

194) Serge Barcellini et Annette Wieviorka, Passant, souviens-toi ! Les lieux du souvenir de la

들의 제2차 세계대전에 대한 경험과 기억도 극히 다양할 수밖에 없었다.

1940년 5~6월 독일의 침공 시 피난민의 기억에서부터 5년 내내 독일군 포로수용소에 갇혀 지내야 했던 전쟁 포로의 기억, 독일에 합병된 알자스로렌(Alsace-Lorraine) 지역 주민의 기억, 독일에 맞서 싸운 레지스탕스의 기억, 절멸수용소로 끌려갔다가 살아남은 유대인의 기억, 독일의 공장들로 끌려간 강제징용 노동자의 기억, 그리고 대독 협력자의 기억에 이르기까지 매우 다양했다.

'죽음'의 문제도 서부전선 무명 참전 용사의 죽음으로 대표되는 제1차 세계대전기의 죽음과 달리, 1940년 5~6월 프랑스 군인의 죽음에서부터 같은 시기 피난민의 죽음, 연합군의 폭격에 따른 민간인의 죽음, 독일 점령 당국과 비시 정부의 탄압으로 인한 레지스탕스 대원의 죽음, 홀로코스트로 인한 유대인의 죽음, 점령 당국의 보복 정책에 따른 인질의 죽음, 독일 군복을 입고 동부전선에서 싸워야 했던 알자스로렌 주민의 죽음, 1944년 6월 이후 해방 전투 시 전투원의 죽음, 그리고 해방 전후에 약식 처형된 대독 협력(혐의)자의 죽음에 이르기까지 죽음의 유형, 성격, 이유가 극히 다양했다.

죽음에 서열을 매길 수는 없지만 프랑스인들이 가장 경의를 표하고 추앙한 죽음은 단연 레지스탕스 대원의 죽음이 될 것이다. 대부분의 프랑스 국민이 숨죽이고 나치 독일의 지배에 순응했을 때 무릎 꿇지 않고 끝까지 투쟁한 사람들의 존재는 강점기 4년간의 프랑스를 암울했던 '대독 협력 프랑스'나 '회색빛 프랑스'로만 규정지을 수 없게 한다. 나아

Seconde Guerre mondiale en France, Paris: Graphein, 1999, p. 7.

3부 역사에서 기억으로 | 209

가 전후戰後에 프랑스를 승전국의 대열에까지 오르게 한 유일한 이유였으므로 이들의 죽음에 가장 경의를 표하는 것은 당연하다 할 것이다.

독일강점기 4년 동안 레지스탕스에 가담한 프랑스인들은 독일군에 맞선 전투 과정에서 죽거나, 수용소에서 죽거나, 고문사하거나 자살하기도 했지만, 여기서 주로 다룰 죽음은 독일 점령 당국의 군사재판소에서 사형을 선고받고 처형당했거나, 레지스탕스 활동에 대한 보복 정책의 일환으로 '인질'로 선정되어 총살당한 경우다. 그중에서도 강점기 4년 동안 가장 많은 총살이 집행된, 파리 서부 교외의 몽발레리앵에 대해 그 역사를 살펴보고, 전후 그 장소가 프랑스인들에 의해 어떻게 기억되고 기념되어 왔는지를 주로 기념식과 기념물을 통해 살펴보고자 한다.

1941년 3월부터 1944년 6월까지 3년 3개월 동안 이 몽발레리앵에 위치한 독일군 주둔 요새에서 모두 1,008명이 독일 군사재판소들에서 레지스탕스 활동을 이유로 사형을 선고받은 뒤에, 혹은 항독 투쟁에 대한 보복의 일환으로 인질로 선정되어 총살당했다. 이는 강점기 4년 동안 같은 유형의 총살로 사망한 전체 인원수(약 4,000명)의 4분의 1에 해당하는 수치다.[195]

이 주제와 관련하여 가장 기본적인 문헌은 2010년에 프랑스 국방부가 발간한 『몽발레리앵: 저항, 탄압, 기억』이 될 것이다. 특히 이 책 맨 앞에 실린 세 편의 글은 몽발레리앵의 강점기 역사와 전후 기념의 역사에 대한 가장 기본적인 사실들을 알려준다.[196] 다음으로 큰 도움을 준 문

---

195) Pennetier et al., dir., *Les fusillés(1940~1944)*, p. 27; Besse et Pouty, *Les fusillés*, p. 181.

196) Claire Cameron, dir., *Le Mont-Valérien. Résistance, Répression et Mémoire*, Montreuil:

헌은 '프랑스강제이송유대인자녀협회'가 간행하고 그 협회장 세르주 클라르스펠드(Serge Klarsfeld)와 레지스탕스 출신의 협회 사무국원 레옹 체베리(Léon Tsevery)가 쓴 『1,007명의 몽발레리앵 피총살자, 그중에 유대인 174명』이다. 이 저작의 핵심은 총 25쪽에 걸쳐 1,005명의 피총살자를 처형일순으로 직업, 생년월일, 연령, 출생지와 함께 수록한 명단이다. 사형수와 인질을 구분하지 않은 점이 아쉽지만, 몽발레리앵의 피총살자들이 구체적으로 어떤 사람들이었는지를 분석하는 데 반드시 필요한 자료가 될 것이다.[197]

몽발레리앵에서 행해진 전후의 기념식들에 대해서는 사회학자 제라르 나메르(Gérard Namer)의 저작 『1945년부터 오늘날까지 프랑스에서의 기념』(1987)이, 몽발레리앵의 대표적인 기념물인 '전투프랑스기념관'(1960년 개관)에 대해서는 역사가 바르셀리니와 비비오르카가 함께 펴낸 『행인이여, 기억하라! ― 프랑스에 있는 제2차 세계대전 기억의 장소들』(1999)이 각각 유용했다.[198]

2003년에 몽발레리앵에서 제막된 종 모양의 새로운 기념물에 대해

Gourcuff Gradenigo, 2010; Claire Cameron et Franck Segrétain, "Le Mont-Valérien, lieu d'histoire, lieu de mémoire," pp. 13~26; Thomas Fontaine, "Le Mont-Valérien dans le réseau des camps et des prisons en France occupée, 1940~1944," pp. 61~75; Thomas Pouty, "Le Mont-Valérien, principal lieu d'éxécution en France pendant l'Occupation," pp. 83~93.

197) Serge Klarsfeld et Léon Tsevery, Les 1,007 fusillés du Mont-Valérien parmi lesquels 174 juifs, Paris: FFDJF, 1995, pp. 41~65.

198) Gérard Namer, La commémoration en France de 1945 à nos jours, Paris: L'Harmattan, 1987; Serge Barcellini et Annette Wieviorka, Passant, souviens-toi ! Les lieux du souvenir de la Seconde Guerre mondiale en France, Paris: Graphein, 1999.

서는 그 기념물을 제작한 조형예술가 파스칼 콩베르(Pascal Convert)의 개인 홈페이지가 특히 유용한 자료들을 많이 제공해주었고,[199] 일간지와 학술지에 실린 콩베르의 인터뷰 기록들 역시 도움이 되었다.[200] 미국의 프랑스어학자 네이선 브래처(Nathan Bracher)의 논문 「프랑스 레지스탕스를 기억하기: 서사시의 윤리학과 시학」(2007)은 이상의 두 기념물만이 아니라 콩베르의 다큐멘터리 영화 〈몽발레리앵: 피총살자들의 이름으로〉에 대해서도 중요한 통찰력을 보여주고 있다.[201]

강점기 프랑스의 최대 처형장

파리 서부 교외에 위치한 몽발레리앵이 제2차 세계대전기 프랑스 레지스탕스의 주요 성지들 중 하나로 기억되고 기념되는 주된 이유는 무엇보다도 그곳에서 가장 많은 레지스탕스 대원들이 독일군 당국에 의해 총살당했기 때문이다. 2015년 프랑스에서 발간된 『피총살자 인명사전』에 모두 4,425명의 '피총살자'(모두가 총살당한 사람은 아니었다.)가 수록되었는데,[202] 이 가운데 거의 4분의 1에 해당하는 1,008명이 몽발

199) http://www.pascalconvert.fr(검색일: 2020년 12월 18일).

200) Charles Sylvestre, "Entretien avec Pascal Convert," *L'Humanité*, 17 septembre 2003; Bertrand Tillier, "La mémoire, l'histoire et la racine de l'immédiateté. Entretien avec Pascal Convert," *Sociétés & Représentations*, n° 33, printemps 2012, pp. 77~92.

201) Nathan Bracher, "Remembering the French Resistance: Ethics and Poetics of the Epic," *History and Memory*, vol. 19, no. 1, Spring/Summer 2007.

202) Pennetier et al., dir., *Les fusillés(1940~1944). Dictionnaire biographique*, p. 27.

몽발레리앵의 처형장에서 피총살자들이 묶였던 나무들

레리앵의 숲속 빈터 단 한군데에서 처형당했던 것이다. 강점기 4년 동안 독일 점령 당국의 군사재판소들에서 사형을 선고받고 처형된 레지스탕스 대원(혹은 활동가) 다섯 명 가운데 한 명(20.8%)과, 독일군을 공격한 데 대한 보복으로 총살된 인질 두 명 가운데 한 명(42.9%)이 모두 이곳 몽발레리앵에서 목숨을 잃었다.[203]

〈그래프 3〉이 잘 보여주듯이[204] 몽발레리앵에서 레지스탕스 사형

203) 독일 점령 당국의 군사재판소들에서 사형을 선고받고 처형된 프랑스 레지스탕스 대원은 3,078명으로, '인질' 피총살자는 863명으로 각각 추산된다. 이 가운데 몽발레리앵에서 총살된 레지스탕스 사형수는 약 640명, 인질 피총살자는 370명 이상이었다. Pennetier et al., dir., *Les fusillés(1940~1944). Dictionnaire biographique*, p. 27; Thomas Pouty, "Le Mont-Valérien, principal lieu d'éxécution en France pendant l'Occupation," Cameron, dir., *Le Mont-Valérien*. p. 84.
204) 이 그래프는 클라르스펠드와 체베리가 처형일순으로 작성한 몽발레리앵 피

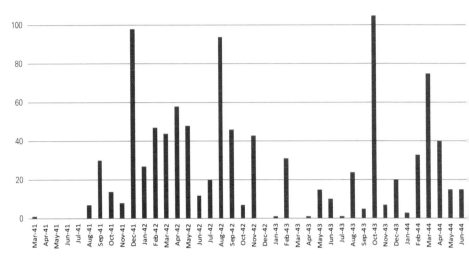

〈그래프 3〉 몽발레리앵의 피총살자 수(1941~1944)

수와 인질들에 대한 총살이 본격적으로 시작된 것은 1941년 8~9월이었다. 점령이 시작된 1940년 6월부터 1941년 7월까지 독일 군사재판소들은 프랑스 거주 민간인들을 대상으로 모두 162건의 사형선고를 내렸고 그 가운데 42명을 처형했지만, 단 한 명만 몽발레리앵에서 총살되었다. 제라르두스 벡스(Gerardus Beks)라는 이름의 38세 네덜란드 출신 전기공이 몽발레리앵에서 총살된 첫 인물(1941년 3월 23일)이었다.[205]

총살자 명단에 입각하여 필자가 도시한 것이다. Klarsfeld et Tsevery, *Les 1,007 fusillés*, pp. 41~65.

205) Pouty, "Le Mont-Valérien," p. 86; Klarsfeld et Tsevery, *Les 1,007 fusillés*, p. 41; Gaël Eismann, "L'escalade d'une répression à visage légal. Les pratiques judiciaires des tribunaux du Militärbefehlshaber in Frankreich, 1940~1944," Gaël Eismann et Stefan Martens, dir.,

몽발레리앵이 1941년 8월 말 독일 점령 당국에 의해 레지스탕스 사형수와 인질에 대한 주된 처형장으로 채택된 것은, 공산당의 무장투쟁 전술에 맞서 점령 당국이 무자비한 레지스탕스 탄압 정책을 본격적으로 개시한 것과 연관 있어 보인다. 1941년 8월 21일 한 공산당 레지스탕스 대원이 파리의 지하철역(바르베스-로슈슈아르 역)에서 독일 해군 사관 후보생을 암살한 사건이 이러한 국면 전환의 신호탄이 되었다. 그로부터 닷새 뒤인 8월 26일부터 29일까지 5명의 공산주의자와 3명의 드골주의자가 몽발레리앵에서 잇달아 총살되었던 것이다.[206]

몽발레리앵은 기본적으로 대★파리 지구(파리 시와 센 도에 해당)의 독일 군사재판소들에서 사형을 선고받은 레지스탕스 대원들을 총살하는 장소였다. 그곳에서 총살된 약 640명의 레지스탕스 사형수 가운데 약 550명(85.9%)이 파리 시와 센(Seine) 도의 독일 군사재판소들에서 사형을 선고받은 사람들이었다. 1942년 6월까지 200명 이상의 민간인과 레지스탕스 대원이 파리 시와 센 도 재판소들을 거쳐 몽발레리앵에서 처형되었다. 1942년 7월부터는 파리 제15구에 위치한 발라르(Balard) 광장의 군용 사격장이 새로운 처형장으로 추가되었다. 1942년 8~10월에는 수도권(파리 시와 센 도)의 처형 대부분이 발라르 사격장에서 집행되었다.

Occupation et répression militaire allemandes, Paris: Éditions Autrement, 2007, p. 95. 클라르스펠드와 체베리는 르네 앙졸비(René Anjolvy)라는 이름의 27세 선반공을 최초의 몽발레리앵 피총살자로 표기했는데 이는 오류로 보인다. 『피총살자 인명사전』에 따르면 앙졸비는 1941년 9월 20일에 총살되었다. Pennetier et al., dir., *Les fusillés(1940~1944). Dictionnaire biographique*, p. 157.

206) Besse et Pouty, *Les fusillés*, p. 142; Michel de Boüard, "La répression," *Revue d'Histoire de la Deuxième Guerre mondiale*, n° 54, avril 1964, p. 80; Pouty, "Le Mont-Valérien," p. 86.

1943년 8월까지는 발라르 사격장과 몽발레리앵에서 번갈아(혹은 동시에) 총살이 행해졌다가, 1943년 9월부터 1944년 6월까지는 오직 몽발레리앵에서만 처형이 집행되었다.[207]

또한 파리는 점령 당국의 사령부가 위치한 곳이자 프랑스의 수도였기 때문에 수도권 밖에서 활동하던 레지스탕스 조직의 대원들이 체포되어 파리의 재판소들을 거쳐 몽발레리앵에서 총살되기도 했다(약 40%). 또한 수도권 밖의 재판소들(샤르트르, 캉, 낭시 등)에서 사형을 선고받은 레지스탕스 대원이 파리 남부 교외의 프렌 교도소에 수감되었다가 역시 몽발레리앵에서 처형되기도 했다.[208]

독일 점령 당국은 1941년 9월부터 1943년 10월까지, 독일군을 공격하는 행위에 대해 수십 배로 보복하는 이른바 '인질 정책'을 수행했다. 몽발레리앵은 바로 그러한 정책의 주된 시험장이었다. 해당 행위를 벌인 레지스탕스 대원과 정치적, 지리적으로 동일한 단위에 속한 수감자(이를테면 '수도권 공산주의자')들을 인질로 선정하여 처형하는 것이 인질 정책의 골자였다.

첫 인질 처형은 1941년 9월에 벌어졌다. 공산당계 레지스탕스 조직들이 파리에서 벌인 무장투쟁에 대한 보복으로 9월 6, 16, 20일에 총 25명의 수도권 수용소나 교도소 수감자들(대부분 공산주의자)이 몽발레리앵에서 인질로 총살되었다.[209] 〈그래프 3〉에서 보듯이, 유독 피총살자 수

207) Pouty, "Le Mont-Valérien," pp. 85~87.
208) Ibid., pp. 72, 87~89; Claire Cameron, "Le Mont-Valérien, lieu d'histoire, lieu de mémoire," Lettres de fusillés du Mont-Valérien(1940~1944), p. 42.
209) Pouty, "Le Mont-Valérien," p. 89.

가 많았던 1941년 12월(98명), 1942년 8월(94명), 1943년 10월(105명) 모두 바로 이러한 인질 정책의 일환으로 대량의 인질 처형이 벌어졌던 시기였다. 즉, 1941년 12월 15일에는 69명, 1942년 8월 11일에는 88명, 1943년 10월 2일에는 50명의 인질이 몽발레리앵에서 총살당했던 것이다.

1941년 12월 15일에는 11월 이후 수도권에서 벌어진 일련의 무장투쟁에 대한 보복으로 점령 당국이 '100명'의 인질 총살을 지시했다. 파리 지역의 인질 수 부족으로 69명만 몽발레리앵에서 처형되고, 26명은 샤토브리앙(9명), 캉(Caen, 13명), 퐁트브로(Fontevrault, 4명)에서 처형되었다. 1942년 9월 21일에도 파리 지역에서 독일군이 당한 일련의 공격에 대한 보복으로 '116명'의 인질 처형이 결정되었는데, 역시 파리 지역의 인질 수 부족으로 46명만 몽발레리앵에서 처형되고 나머지 70명은 보르도(Bordeaux)에서 처형되었다. 거꾸로 1942년 2월 21일에는 루앙(Rouen)에서의 공격에 대한 보복으로 12명, 투르(Tours) 공격을 이유로 4명, 같은 해 3월 31일에는 르아브르(Le Havre) 공격을 이유로 16명, 5월 12일에는 캉 지역 열차 탈선에 대한 보복으로 9명이 모두 해당 지역의 인질 수 부족으로 수도권의 수용소와 교도소들에서 끌려나와 몽발레리앵에서 총살되었다. 이들 대부분은 공산주의자이거나 유대인이었다.[210]

그러면 몽발레리앵에서 처형된 레지스탕스 대원과 인질들은 구체적으로 어떠한 사람들이었을까? 필자는 클라르스펠드와 체베리가 작성한 피총살자 명단을 분석해보았다. 이 명단에는 모두 1,005명의 몽발레리앵 피총살자가 처형 일시별로 열거되어 있었는데, 이들의 성명만이 아니라

---

210) *Ibid.*, pp. 90~92.

직업, 출생일, 연령, 출생지(국가와 도시)가 함께 표기되어 있었다.[211]

먼저, 연령별로 보면, 1,005명 가운데 모두 949명(94.4%)의 나이가 적시되어 있었는데 이들 중에 30대가 320명(33.7%)으로 가장 많았다. 다음으로는 20대가 285명(30%)으로 많았고, 40대 212명(22.3%), 50대 81명(8.5%), 10대 37명(3.9%), 60대 13명(1.4%) 순이었다. 평균 연령은 34.6세였다. 최연소 피총살자는 만 17세로 5명이나 되었다. 1942년 11월에 2명, 1943년 10월에 2명, 1944년 4월에 1명이 17세의 나이로 몽발레리앵에서 생을 마감했다. 이들 가운데 3명의 직업이 알려졌는데, 1명은 조립공, 1명은 인쇄공 도제, 1명은 사무원(혹은 점원)이었다. 최고령자는 1941년 9월 16일에 총살된 72세의 시계상 이자이 이지도르 베르넴(Isaie Isidore Bernheim)이었다.

대부분의 연령이 적시되었던 반면 출생지 정보가 표기된 피총살자는 절반도 되지 않았다(435명, 43.3%). 표기되지 않은 피총살자 대부분이 프랑스 본국 출신일 것으로 추정한다면 본국 출신의 비율은 65.5%(285명)보다는 훨씬 높을 것이다. 그럼에도 적어도 150명의 피총살자가 외국 출신이었다는 사실에 좀 더 주목해야 할 것이다. 그 가운데 폴란드 출신이 73명으로 거의 절반에 달했다. 다음으로는 러시아 출신이 16명이나 되었고, 스페인과 이탈리아가 각각 9명, 독일과 헝가리가 각각 7명, 루마니아와 알제리 출신이 각각 4명이었다. 그 밖에 벨기에가 3명, 체코슬로비키아, 그리스, 아르메니아가 각각 2명씩이었고, 네덜란드, 오스트리아, 스웨덴, 스위스, 리투아니아, 베사라비아, 모로코, 레바논, 이집트, 아

211) Klarsfeld et Tsevery, *Les 1,007 fusillés*, pp. 41~65.

르헨티나 등 몽발레리앵 피총살자의 출신국은 실로 다양했다.

직업은 모두 827명(82.3%)에 대해 표기되어 있었는데, '노동자'로 분류할 수 있는 직업군이 449명으로 절반을 넘었다(54.3%). 이 가운데 기계공이 43명으로 가장 많았고, 인부 39명, 조립공 36명, 선반공과 전기공 각각 26명, 재단사 17명, 소목 16명, 구두수선공 13명, 배관공 12명, 인쇄공 10명, 주물공·철물공·토목공이 각각 9명이었다.

다음으로 큰 비중을 차지한 직업군은 '사무원 혹은 점원'(employé)이었고(65명, 7.9%), '소상인'으로 분류할 수 있는 직업군이 세 번째로 큰 비중을 차지했다(46명, 5.6%). 고물상(7명), 빵집 주인(7명), 정육점 주인(7명), 모피상(6명) 등이 이에 속했다. 다음으로는 대학생이 30명에 달했고, 교사/교수가 19명, 농민 16명, 회계사 13명, 엔지니어 10명, 출장판매원 9명, 기자와 간호사 각각 7명, 이발사 5명 등이었다.

한편, 클라르스펠트와 체베리는 앞서 언급한 1,005명의 피총살자 명단을 작성한 뒤에 이와 별개로 174명의 '유대인 피총살자'만 따로 모아 5쪽에 걸쳐 새로운 명단을 작성했다.[212] 앞의 명단이 처형일순으로 나열했던 것과 달리 이 명단은 성명의 알파벳순으로 피총살자들을 열거했다. 또한 역시 앞 명단과 달리 출신지가 아니라 거주지 주소가 표기되어 있었고, 앞 명단에는 전혀 없었던 '소속 조직' 혹은 '정치 성향'도 적시되어 있었다.

필자가 이 명단을 분석한 바에 따르면, 우선, 공산당계 피총살자의 높은 비중이 눈에 띈다. "공산당계 레지스탕스"로만 표기된 77명을 포

---

212) *Ibid.*, pp. 93~97.

함하여, 공산당계 무장투쟁 레지스탕스 조직들인 FTP-MOI 23명, MOI 와 FTP 각각 5명, OS(Organisation spéciale, 특별 조직) 4명, 공산당계 유대인 레지스탕스 조직인 '연대'(Solidarité) 5명 등 모두 120명이 공산당계 레지스탕스 조직에 속한 것으로 집계되었던 것이다. 이는 유대인 피총살자 전체(174명)의 69%에 해당한다. 또한 몽발레리앵의 피총살자 10명 가운데 1명(11.9%)은 '유대인 공산주의자'였음을 말해준다.

처형일별로 보면, 앞서 살펴본 대량 인질 처형에서 유대인이 특히 큰 비중을 차지했음을 알 수 있다. 독일 점령 당국의 첫 인질 처형이었던 1941년 9월 6, 16, 20일의 총살로 사망한 25명 가운데 7명이 유대인(1명을 제외하고는 모두 공산당계 유대인)이었고, 1941년 12월 15일의 인질 피총살자 69명 가운데 무려 51명이 드랑시(Drancy) 수용소의 유대인(그중 40명은 공산당계)이었다. 1942년 2월 21일에 총살된 16명의 인질 가운데 11명(모두 공산당계), 3월 31일에 총살된 16명의 인질 가운데 6명(3명이 공산당계), 8월 11일에 총살된 88명의 인질 가운데 17명(15명이 공산당계)이 유대인이었다.

드골주의 기억의 성지

피총살자들에 대한 기억을 고무하고 이들의 순국을 기념하는 작업은 일찍이 이들이 처형당한 직후인 강점기에 이미 시작되었다. 피총살자들이 처형당하기 직전에 부모, 형제, 아내, 자녀 등에게 쓴 마지막 서한이 레지스탕스 조직에 입수되어 런던의 BBC 방송에서 낭독되거나 지하신문에 실리기도 했고, 피총살자들의 이름이 레지스탕스 단위 부대의 명칭이 되기도 했으며, 이들의 증명사진이 유가족 후원을 위해 판매되기도 했다.[213)

몽발레리앵의 피총살자들 중 많은 수는 이브리쉬르센(Ivry-sur-Seine) 묘지에 매장되었고, 따라서 이곳은 해방 후 유족들이 모여 헌화하고 추모하는 주된 장소가 되었다.[214) 해방 직후 총 828구의 시신이 이브리쉬르센 묘지의 피총살자 전용 지구에 매장되었고, 때로는 정치사회 단체들이 그곳에서의 추모식을 조직하기도 했다. 일례로 프랑스공산당은 1944년 10월 7일 오전 10시 이브리 묘지 입구에 모이자는 전단을 배포했다. 그 전단에는 1년 전인 1943년 10월 6일 몽발레리앵에서 총살당한 공산주의청년동맹 단원이자 FTP 대원인 앙드레 샤사뉴(André Chassagne)의 마지막 편지 발췌문이 수록되었고 "공산당과 함께 … 그의 묘에 와서 경의를 표하고, 독일이 금지했던 이 의무 수행을 하기"를 바란다고 쓰여 있었다.[215)

때로는 유족들의 요구로 파리 지역의 묘지에서 출신 지역의 묘지로

----

213) Besse et Pouty, *Les fusillés*, p. 21; *La vie à en mouri*, 2006, p. 82.

214) Thomas Fontaine, "Le Mont-Valérien dans le réseau des camps et des prisons en France occupée, 1940~1944," Cameron, dir., *Le Mont-Valérien*. pp. 62~63, 180. 독일 점령 당국은 서로 다른 피총살자들의 유가족들이 한곳에 많이 모이는 것을 막기 위해 같은 날 처형된 피총살자 시신들을 여러 묘지에 분산 매장하기도 했다. 일례로 1942년 8월 11일 몽발레리앵에서 총살된 88명의 시신은 페르라셰즈(Père-Lachaise) 화장터에서 일괄 화장된 뒤 그 유골 단지들은 팡탱(Pantin) 묘지, 생투앙(Saint-Ouen) 묘지, 바뉘(Bagneux) 묘지, 티에(Thiais) 묘지에 분산되었다.

215) Cameron, dir., *Le Mont-Valérien*, pp. 180~181.

이장되기도 했다. 그러한 이장이 이루어질 때 종종 대규모의 추모식과 마지막 편지 낭독식이 행해졌다.[216] 1946년 9월에는 '몽발레리앵 피총살자부모·친구협회'라는 이름의 단체가 피총살자들의 유가족이나 지인들에게 매달 첫 번째 토요일 몽발레리앵에서 열병식이 이루어질 것임을 알리는 서한을 보냈다. 타자기로 작성된 이 서한에는 해당 월에 처형된 피총살자들의 이름을 부르는 의식이 열병식에 포함될 것이라고 적혀 있었고, 다음 열병식이 이루어질 날짜, 그날 호명될 피총살자의 이름과 처형일을 각각 써넣도록 세 개의 빈 칸이 중간에 포함되었다. 필자가 본 서한에는 그 빈칸들에 "1946년 10월 5일 토요일"의 열병식에서 "1943년 10월 6일"에 총살된 "클로드 바로키에(Claude Waroquier)"의 이름이 불려질 것이라고 쓰여 있었다. 또한 이 서한에는 오후 3시 45분에 몽발레리앵 요새 입구에 모여 열병식에 참석하고, 피총살자들이 처형된 장소에 가서 헌화하고, 처형당하기 직전에 이들이 집결했던 예배당에 가서 묵념하는 일련의 과정이 묘사되어 있었다. 서한 말미에는 "몽발레리앵 피총살자들 전체의 이름을 우리가 모을 수 있도록" 유가족들은 빈칸을 채워 이 서한을 도로 보내줄 것과, 가능하면 피총살자들의 사진 한 장과 마지막 편지 발췌문, 그들의 활동과 체포 정황 및 구금 관련 정보도 함께 보내줄 것을 요청하는 글이 쓰여 있었다.[217]

피총살자들의 이름을 기억하고 기념하는 방식은 이상의 추모식들 외에 그들이 살았던 지역의 거리들과 광장들, 학교들에 그들의 이름을 붙이는 것으로도 표출되었고, 그들의 초상화를 담은 우표를 발행하는 것으

---

216) *Ibid.*, p. 180; Besse et Pouty, *Les fusillés*, p. 24.
217) Cameron, dir., *Le Mont-Valérien*. p. 184.

로도 이루어졌다. 파리 남부 교외에 위치한 장티(Gentilly) 시청은 『야만인들은 그들을 죽이길 원했으나 그들은 불멸의 존재가 되었다』라는 제목으로 그 지역 출신의 피총살자 6명에 대한 소책자를 발간했다.[218]

또한 파리와 파리 교외의 지하철역들 가운데 모두 7개의 역이 피총살자 이름을 내걸었다. 역 자체가 1980년에 생긴 가브리엘 페리-아니에르-젠빌리에 역을 제외하고는 6개 모두가 해방 직후인 1945~46년에 피총살자의 이름으로 역명을 개칭한 것이었고, 7개 가운데 3개의 지하철역 명칭이 몽발레리앵에서 총살된 사람 이름이었다(코랑탱 셀통(Corentin Celton) 역, 가브리엘 페리 역, 트리니테-데스티엔 도르브(Trinité-d'Estiennes d'Orves) 역].[219]

피총살자들을 기억하고 기념하는 방식으로 또 다른 중요한 방식은 관련된 장소에 그러한 주제로 기념물을 세우는 것이 될 것인데, 그러한 움직임 역시 존재했다. 파리에 본부를 둔 '전국나치즘희생자협회'라는 이름의 단체가 "나치와 비시 사람들에 의해 총살당하거나 단두대형에 처해진 모든 애국자들을 추모"하는 기념물을 세우기 위해 모금을 시작한다는 내용의 전단을 제작했던 것이다. "우리 소중한 조국의 자유와 독립을 위해 쓰러진 애국자들의 용기 있고 장엄한 모범적 사례에 대한 기억이 현재와 미래 세대들의 눈앞과 가슴속에 영원히 살아있도록" 모금에 참여하자는 내용이었다. 전단 왼쪽 절반에는 처형대에 묶여 독일군에 총살당한 사람의 모습이 그려져 있었다.[220]

---

218) *Ibid.*, p. 182; Besse et Pouty, *Les fusillés*, p. 21.

219) Cameron, dir., *Le Mont-Valérien*. p. 183.

220) *Ibid.*, p. 182.

비록, 정확히 언제 제작된 전단인지 알 수 없고 어느 곳에 기념물을 세우자는 것인지도 밝히고 있지 않지만, 여기서 다룰 핵심 주제 가운데 하나가 몽발레리앵에 세워진 기념물들이기 때문에 이 전단은 중요한 사료가 아닐 수 없다. 가장 많은 레지스탕스 대원들과 인질들이 총살된 장소가 다름 아닌 몽발레리앵이었으므로 그러한 기념물이 세워질 최적의 장소 역시 몽발레리앵이었겠지만, 그곳에 기념물이 건립된 것은 십수 년 뒤에 가서야였고 그나마 결국 들어선 기념물(1960)은 '피총살자의 기억'과는 거리가 먼 것이었다. 1960년 몽발레리앵에 세워진 거대한 규모의 기념관은 명칭부터 '전투프랑스기념관'(Mémorial de la France combattante)이었는데 여기서 '전투프랑스'란 제2차 세계대전기에 드골 장군이 이끈 국외 레지스탕스를 가리키는 '자유프랑스'가 1942년부터 공식적으로 내건 명칭이기도 했던 것이다.

몽발레리앵을 다룬 많은 논자들 역시 그곳과 '전투프랑스기념관'이 '피총살자들의 기억'이나 '국내 레지스탕스의 기억'이 아니라 "드골주의 기억"의 장소(바르셀리니와 비비오르카)[221]나 명소(질 베르농),[222] 나아가 "정점"(브래처)[223]이라는 데 일치하고 있다. 사실, 몽발레리앵을 그렇게 만든 것은 드골 장군 자신이었다. 일찍이 파리 해방(8월 25일)으로부터 석 달도 채 안 된 시점이자 나치 독일과의 전쟁이 아직 끝나지도 않은 1944년 11월 1일에 드골이 가장 먼저 찾은 곳은 다름 아닌 몽발레리

221) Barcellini et Wieviorka, *Passant, souviens-toi !*, p. 166.
222) Gilles Vergnon, "Au nom de la France: Les discours des chefs d'État sur la Résistance intérieure (1958~2007)," *Vingtième Siècle. Revue d'histoire*, n° 112, octobre-décembre 2011, p. 140.
223) Bracher, "Remembering the French Resistance," p. 55.

앵이었다. 그날 드골 장군은 몽발레리앵에서 처형장으로 쓰인 숲속 빈 터, (1940년 12월 파리 시민이 최초로 총살당한 곳인) 뱅센 요새, (파리 지역 피총 살자들의 주 매장지인) 이브리쉬르센 묘지를 잇달아 방문해 레지스탕스 순국자들에게 경의를 표했다.[224] 몽발레리앵이 드골주의 기억의 장소 가 되기 시작한 것은 다음 해인 1945년 6월 18일이었다. 페탱이 독일과 의 휴전 의사를 천명한 날 바로 다음 날인 1940년 6월 18일, 드골 장군이 런던의 BBC 라디오방송을 통해 전쟁은 완전히 끝나지 않았으며 "프랑 스 저항(résistance)의 불꽃은 꺼져서는 안 되고 꺼지지도 않을 것"이라고 선언한 이래 '6월 18일'은 드골주의의 가장 중요한 날로 자리 잡았는데, 해방 후 처음 맞는 6월 18일의 기념식 장소로 드골은 몽발레리앵을 선 택했던 것이다.

1945년 6월 18일 프랑스공화국 임시정부 대통령 드골은 개선문에 서 출발하여 샹젤리제 대로에서 군사 행진을 주재한 뒤 몽발레리앵으 로 갔다. 200명의 해방훈장 보유자와 함께 몽발레리앵에 도착한 드골 은 개선문의 무명용사 묘에서 불을 붙여 가져온 성화聖火의 봉송자들과 함께 요새에 들어갔다. 이어서 그는 위병소 부근의 토치카에 들어갔다 가 나온 뒤에 구리 수반에 몸을 기울여 (개선문에서 가져온) 성화의 불("저 항의 불꽃"을 상징하는)을 붙였다. 몽발레리앵이 드골주의 기억의 상징이 되는 순간이었다.[225]

몽발레리앵이 드골주의 기억의 성지가 되는 과정을 더욱 굳힌 것은

224) Cameron et Segrétain, "Le Mont-Valérien," Cameron, dir., *Le Mont-Valérien*. p. 15; Besse et Pouty, *Les fusillés*, p. 23.
225) Cameron et Segrétain, "Le Mont-Valérien," pp. 15~16.

그해 11월 11일이었다. 1945년 6월 18일에 몽발레리앵이 드골주의 기억과 결합했다면, 그해 11월 11일에는 제1차 세계대전의 기억과 결합했다. 11월 11일은 제1차 세계대전의 종전 기념일이었던 것이다. 그런데 드골은 이전부터 제2차 세계대전을 제1차 세계대전과 결합해서 '30년 전쟁'으로 인식해왔던 터라 이러한 연결 역시 드골주의 논리에 부합하는 것이었다.

1945년 9월에 드골은 포로·강제 이송자·난민부 장관인 앙리 프르네(Henri Frenay)에게 제1차 세계대전 종전 기념일인 11월 11일에 제2차 세계대전기 프랑스 순국자를 위한 대규모 추모식을 거행할 것을 지시했다. 프르네는 당시를 회고하며 후일 펴낸 회고록(『밤은 끝날 것이다』, 1973)에서 제2차 세계대전기 프랑스 순국자들을 대표하는 유해들을 몽발레리앵에 안치할 것이며, 몽발레리앵 꼭대기에는 등대 형태의 기념물을 세우려고 했다고 썼다. 프르네의 표현을 빌리면 몽발레리앵에 세워진 등대는 "매일 밤 파리에 승리의 빛나는 브이(V) 자를 쏠 것"이었다.[226]

1945년 10월 29일 앵발리드(Hôtel des Invalides)에 앙리 프르네, 각 부처 장관들, 육해공군 사령부 수장들, 레지스탕스전국회의, 퇴역 군인 단체들, 강제 이송자 단체들, 전쟁 포로 조직들의 대표자들이 모여 몽발레리앵에 유해가 안치될 15명의 순국자를 추첨했다. 이 15명의 유해는 11월 10일 앵발리드로 이송되었다가 다음 날 개선문으로 이송되었고, 거기서 드골의 주재 하에 성대한 기념식이 행해졌다.[227] 드골은 개선문

---

226) Henri Frenay, *La nuit finira, mémoires de résistance, 1940~1945*, Paris: Éditions Michalon, 2006(초판은 1973), p. 792.

227) Paule René-Bazin, "La politique de commémoration des conflits du XXe siècle en France,"

의 (제1차 세계대전) 무명용사 묘 앞에서 "30년 전쟁"을 환기시키면서 단결을 촉구하는 대국민 연설을 했다. "상처받은 프랑스를 치유하기 위해 형제처럼 단결"할 것이며, "동일한 길 위에서 동일한 걸음으로 동일한 노래를 부르며 행진"하기 위해 "불합리한 반목"을 드러내지 말아야 할 것이었다. "프랑스 만세!"로 끝나는 이 연설의 키워드는 "단결"이었다.[228]

그날 밤 이 15명의 유해는 몽발레리앵 요새의 토치카로 운구되어 그곳에 안치되었다. 임시 납골당이 된 토치카의 칸막이벽에는 이 15명의 명단이 새겨졌고 "1939~45년에 프랑스의 아들들이, 프랑스가 자유롭게 살기 위해 투쟁했음을 여기서 우리는 역사 앞에 증언한다."라는 문구가 새겨졌다.[229] 그렇게 몽발레리앵은 1945년 11월 11일에 제1차 세계대전의 기억과 제2차 세계대전의 기억을 결합시키면서 드골주의 기억의 성지가 되었다.

몽발레리앵이 무엇보다도 '드골주의' 기억의 성지가 되었다는 점은 그곳에 안치된 15명의 순국자 구성에서도 확인된다.[230] 우선, 몽발레리앵이 제2차 세계대전기 순국자 기념의 장소로 선정된 것은 무엇보다도 그곳이 가장 많은 레지스탕스 대원이 총살된 곳이었다는 데 연유

La Gazette des archives, n° 236, 2014, p. 161; Cameron et Segrétain, "Le Mont-Valérien," p. 17.

228) Cameron, dir., Le Mont-Valérien, p. 18에 연설문 전문全文이 수록되어 있다.

229) René-Bazin, "La politique de commémoration," p. 161; Cameron et Segrétain, "Le Mont-Valérien," p. 17.

230) 몽발레리앵의 납골당(처음에는 임시 납골당)에 안치된 16명(1952년에 1명의 유해가 추가되었다.)의 성명, 생년월일과 출신지, 사망 시의 직위나 레지스탕스 활동, 사망일, 사망지, 사망 경위는 Cameron, dir., Le Mont-Valérien, p. 56에서 확인할 수 있다.

한 것이지만, 정작 그곳에 안치된 15명의 '대표' 순국자 중에 몽발레리 앵의 피총살자는 놀랍게도 단 한 명도 없었다. 게다가 몽발레리앵에서 총살된 사형수나 인질 대부분이 국내 레지스탕스에 속한 사람들이었음에도 15명의 순국자 중에 국내 레지스탕스를 대표하는 인물은 4명에 불과했고, 나머지 11명은 모두 정규군(국외 레지스탕스인 자유프랑스군 포함)에 속한 인물들이었다. 이는 국내 레지스탕스보다는 해외 레지스탕스를, 민간인 레지스탕스 조직원이나 항독 유격대원보다는 정규군 군인을 더 중요시한 드골의 가치관에 딱 들어맞는 구도였다. 피총살자(2명)보다 전사자(11명)가 압도적으로 많은 것은 이러한 구도의 자연스런 결과였다.

이들 정규군 군인이 참여하고 사망한 전투와 전장은 세심하게 배치되었다. 독일이 침공한 초기의 전투인 1940년 5~6월의 '프랑스 전투'에서 3명이 선정되었고, 영광의 '해방 전투'인 1944년 8~12월의 전투에서는 월별로 각각 1명씩 5명이나 뽑혔다. 프랑스 본토만이 아니라 해외 전투의 전사자도 2명 포함되었고(1942년 11월의 리비아 전투, 1944년 5월의 이탈리아 전투), 국내 레지스탕스 부대원 전사자도 한 명(1944년 7월 베르코스에서 전사한 프랑스국내군 중사) 포함되었다.

드골이 이끈 해외 레지스탕스에서는 프랑스령 식민지 부대들도 큰 역할을 수행했는데, 식민지 원주민 부대 병사들도 지역별로 4명(튀니지, 모로코, 세네갈, 차드에서 각각 1명)이 선정되었고, 식민지 부대 백인 장교도 두 명(북아프리카 제22대대 소위, 태평양대대 중사)이 포함되었다. 벨포르(Belfort) 전사자가 세 명이나 포함된 것은 육군, 해군, 공군에서 각각 한 명씩 선정한 데 따른 것이었다.

국내 레지스탕스에 속한 인물들로는 앞서 언급한 프랑스국내군 중사 외에 '민간군사조직'(Organisation civile et militaire, OCM)의 창립자 알프레드 투니(Alfred Touny), '콩바' 지도자 베르티 알브레히트(Berty Albrecht), '인류박물관'의 르네 레비(Renée Lévy)가 선정되었다. 이 네 명 가운데 피총살자는 북부 프랑스의 아라스에서 총살된 알프레드 투니, 단 한 명이었다. 알브레히트와 레비는 둘 다 여성 레지스탕스 활동가로, 전자는 프렌 교도소에서 스스로 목숨을 끊었고, 후자는 독일 쾰른(Köln) 감옥의 단두대에서 생을 마감했다.[231]

앞서 언급했듯이 이상의 15명 가운데 국내 레지스탕스의 비중 자체가 작을 뿐 아니라 그나마 이 4명 가운데 한 명은 군사 레지스탕스를 대표하고(프랑스국내군 중사), 한 명은 직업군인 출신(대령)이었다는 점은 의미심장하다. 게다가 국내 레지스탕스 내에서 가장 강력한 정치세력이자 드골주의 레지스탕스에 대한 가장 위협적인 경쟁자이기도 했던 공산당계 레지스탕스(몽발레리앵 피총살자 중 가장 큰 수를 차지한 범주이기도 했던)가 단 한 명도 포함되지 않았다는 사실도 몽발레리앵의 드골주의 정체성을 다시 한번 입증해준다.

나아가 드골주의 기억의 성지가 피총살자들만의 기억의 장소가 아니라 (1945년 11월 11일 드골의 기념 연설에서 보듯) "상처받은 프랑스를 치유"하기 위해 동일한 길, 동일한 걸음, 동일한 노래의 단결을 부르짖으며 제2차 세계대전의 대표 기념 장소가 되고자 했으나, 결코 모든 종류의 죽음을 기념하고자 하지는 않았다는 점에 주목할 필요가 있다. 몽발

231) Pennetier et al., dir., *Les fusillés*(1940~1944), pp. 1,865~1,866, 1,876.

레리앵에 안치된 15명의 유해 가운데 절멸수용소로 끌려가 학살당한 유대인, 의무노동제로 징용당했다가 죽은 사람, 폭격으로 사망한 민간인은 단 한 명도 없었던 것이다.[232]

한편, 몽발레리앵이 드골주의 기억의 성지가 되는 과정은 제2차 세계대전기의 '대표적'인 순국자들의 유해를 안치하는 것을 통해서만이 아니라 그곳에 순국자들을 위한 기념물을 건립하려는 움직임을 통해서도 진행되었다. 1945년 11월 5일의 한 공문은 "1939~45년 전쟁 동안에 프랑스를 위해 순국한 본토와 해외 영토의 프랑스인들을 위한 기념물"을 세우기 위해 전국적인 모금운동이 이루어질 것임을 알렸고, 이러한 모금은 11월 11일 프랑스공화국 임시정부와 그 수반인 드골 장군의 후원하에 실제로 시작된 것으로 보인다. 하지만 "1939~45년 전쟁의 사망자들을 위한 국민적 기념물을 건립하기 위한 전국위원회"의 위원들을 선정하는 법령이 『관보』에 발표된 1946년 1월 20일 드골은 권좌를 떠났고, 그가 재야인사로 남았던 제4공화정 기간(1946-58) 동안 그러한 기념물을 몽발레리앵에 세우는 과정은 그다지 진척되지 않았다.[233]

제4공화정 시기에 몽발레리앵은 세 주역 사이에 "기억의 전투"[234]가 벌어지는 공간이 되었다. 임시 납골당과 6·18기념식을 중심으로 한 드골주의 기억과 피총살자들이 처형된 숲속 빈터를 중심으로 한 공산주의 기억, 그리고 제4공화정 정부들이 새로 추가하려 한 강제 이송자 기억이 바로 그것이다.

---

232) Barcellini et Wieviorka, *Passant, souviens-toi !*, p. 169.

233) *Ibid.*; Cameron et Segrétain, "Le Mont-Valérien," p. 17.

234) Barcellini et Wieviorka, *Passant, souviens-toi !*, p. 169.

우선, 드골은 권좌 밖에 남았던 이 시기 내내 매년 6월 18일이 되면 해방훈장상훈국 총재와 해방훈장 보유자들을 대동하고 몽발레리앵에 가서 독자적으로 기념식을 주재했다. 그곳 임시 납골당 앞에서 (개선문의 무명용사 묘에서부터 불을 붙여 온) 성화로 점화하는 의식을 드골 장군은 매년 6월 18일 수행했다. 한편, 이와 별개로, 처형장으로 쓰인 숲속 빈터에서는 매달 첫 번째 토요일 피총살자 유가족이 모여 추모식을 진행했고, 해방 직후부터 '75,000 피총살자의 당'임을 내세워온 프랑스공산당역시 숲속 빈터를 기념의 중심지로 삼으면서 그곳을 "파리의 골고다 언덕"(1948년 11월)이라 불렀다.[235]

드골이 매년 6월 18일 기념식을 몽발레리앵(의 임시 납골당)에서 정부와 무관하게 독자적으로 수행하는 것은, 숲속 빈터를 보다 중시한 피총살자 가족들에게나 제4공화정 정부에게나 불만과 분노를 야기했던것으로 보인다. 둘 다 몽발레리앵이 드골에 의해 '전유'되었다고 느꼈고, 이러한 상황을 가리켜 사회학자 제라르 나메르는 몽발레리앵이 드골에 의해 "몰수"되었다고까지 표현했다.[236]

제4공화정 정부들도 몽발레리앵을 경시하지 않았다. 초대 대통령 뱅상 오리올(Vincent Auriol)도, 다음 대통령인 르네 코티(René Coty)도 취임 직후(1947년 1월과 1954년 1월) 몽발레리앵의 숲속 빈터를 찾아가 헌화했고, 파리 지역 묘지들에 분산 매장된 제2차 세계대전기 사망자들의시신 3,100구를 모아 몽발레리앵에 국립묘지를 조성하고 기념물을 세

---

235) *Ibid.*; Cameron et Segrétain, "Le Mont-Valérien," p. 19; Namer, *La commémoration en France*, p. 170.

236) Namer, *La commémoration en France*, p. 170.

우는 계획이 이 시기에 추진되었다.[237]

특기할 만한 점은 제2차 세계대전기 혹은 독일강점기와 관련하여 당시까지 지배적이었던 드골주의 기억, 공산주의 기억, 레지스탕스 기억에 덧붙여 제4공화정 정부는 새로 강제 이송(자)의 기억을 중시했다는 것이다. 약 88,000명의 레지스탕스 활동가와 정치범,[238] 약 76,000명의 유대인이 독일강점기에 프랑스에서 나치 독일의 수용소들로 강제 이송되었으므로 그 탄압과 박해의 규모로 보나, '순국자'만이 아니라 '희생자'도 중시된다는 점으로 보나 '강제 이송'의 기억이 새로 부각되었다는 것은 긍정적인 진전이 아닐 수 없다. 1954년에 제4공화정 정부가 4월의 마지막 일요일을 '강제 이송 국가 기념일'(정확한 명칭은 "강제 이송의 희생자들과 영웅들을 추모하는 국가 기념일")로 지정한 것도 바로 그러한 취지였다.[239]

특히 주목할 만한 점은 제4공화정 정부가 1954년 4월 24~25일 첫 강제 이송 국가 기념일 행사의 일환으로, 제2차 세계대전기 나치 독일의 수용소였던 곳들에서 수습한 강제 이송 사망자 유골들을 담은 단지를 다름 아닌 몽발레리앵의 임시 납골당에 안치했다는 데 있다. 게다가 유골 단지가 개선문의 무명용사 묘 앞을 거쳐 몽발레리앵의 임시 납골당에 안치되는 과정은 9년 전의 드골주의 기념식(1945년 11월 11일)을 그대로 본뜬 것이었다.[240]

237) Cameron et Segrétain, "Le Mont-Valérien," pp. 19~20.

238) Marcot, dir., *Dictionnaire historique de la Résistance*, p. 774.

239) Barcellini et Wieviorka, *Passant, souviens-toi !*, p. 169; René-Bazin, "La politique de commémoration," p. 163.

240) Serge Barcellini, "Sur deux journées nationales commémorant la déportation et les

애초에 제2차 세계대전기의 드골 장군이나 드골주의와 특별한 연관 관계가 전혀 없었던 몽발레리앵이 1945년에 드골에 의해 전유되었듯이, 이번에는 강제 이송과 전혀 무관했던 몽발레리앵이 제4공화정 정부에 의해 새로운 의미를 부여받았던 셈이다. 하지만 몽발레리앵에 제2차 세계대전기 시망자 국립묘지를 조성하려는 계획도, 기념물을 세우려는 계획도 제4공화정기에 성사되지 않았다. 몽발레리앵을 둘러싼 '기억의 전투'에서 최종 승자는 드골이었다. 12년 만에 화려하게 권좌에 복귀한(1958년 6월 총리직 임명) 드골은 곧바로 몽발레리앵에 기념물을 건립하는 작업을 강력히 추진했다. 12년 동안 서류 상태로 휴면 상태에 있었던 계획은 드골의 권좌 복귀 2년 만에 방대한 규모의 기념관으로 실현되었다.[241]

그 기념관은 드골이 제5공화정의 첫 대통령으로 선출되고(1959년 1월) 두 번째로 맞는 6월 18일 기념식 때(1960) 개관되었다. 네이선 브래처의 표현을 빌리면 그 기념관은 그야말로 "드골주의 기억의 정점이자 진정한 석조 서사시"였다.[242] 이름부터가 14년 전 애초의 법령에 명시되었던 제2차 세계대전기 "사망자"나 "순국자" 혹은 "희생자" 추모비가 아니라 보무도 당당히 "전투프랑스(France combattante)" 기념관이었다. "전투프랑스"는 '레지스탕스 프랑스'를 의미하는 것일 수도 있지만, 앞서도 지적했듯이 드골 장군의 해외 레지스탕스인 '자유프랑스'의 공식적

persécutions des années noires", *Vingtième Siècle. Revue d'histoire*, n° 45, janvier-mars 1995, p. 83; Cameron et Segrétain, "Le Mont-Valérien," p. 20; Barcellini et Wieviorka, *Passant, souviens-toi !*, p. 170.

241) Cameron et Segrétain, "Le Mont-Valérien," pp. 20~21.
242) Bracher, "Remembering the French Resistance," p. 55.

몽발레리앵의 '전투프랑스기념관'(1960년 개관)

인 후속 명칭이기도 했던 것이다.

'전투프랑스기념관'의 모습은 실로 웅대했다.[243] 피총살자 처형장인 숲속 빈터에서 가장 가까운 쪽인, 몽발레리앵 요새의 남동부 울타리 벽 앞에 10,000제곱미터 이상의 광장이 '자유프랑스'의 상징물인 '로렌(Lorraine) 십자가'의 브이(V) 자 형상으로 조성되었고, 울타리 벽을 따라 120미터 이상 길이의 장밋빛 사암砂巖 벽이 세워졌다. 사암 벽 상단에는 각기 다른 조각가가 제작한 16개의 부조가 설치되었고, 이 벽의 정중앙에는 12미터 높이의 로렌 십자가가 세워져 위압적인 인상을 풍겼다. 십자가 하단에 새겨진 다음 문구는 다름 아닌 '자유프랑스'의 시작을 알리는 드골 장군의 1940년 6월 18일 선언의 마지막 부분이었다.

---

243) 필자는 두 차례(2017년 4월과 2018년 7월)에 걸쳐 이곳을 방문했다.

무슨 일이 일어나든

저항의 불꽃은

꺼지지 않을 것이다.

1940년 6월 18일

샤를 드골[244]

로렌 십자가의 양쪽 날개 아래에는 두 개의 청동 문이 설치되었는데, 이 문들은 십자가 바로 뒤에 만들어진 납골당의 출입구 역할을 했다. 납골당에는 개관 전날인 1960년 6월 17일에 15년 전(1945년 11월 11일) 임시 납골당에 안치되었던 15개의 관과 1952년에 추가 안치된 1개의 관(1945년 3월 라오스에서 일본군에 총살된 인도차이나 방위대의 프랑스 군인)이 이송되어 안치되었다. 로렌 십자가 앞에는 6월 18일 선언의 '꺼지지 않는 저항의 불꽃'을 상징하듯 성화가 항시 타오르는 청동 방패가 설치되었다.[245]

각기 다른 주제로 조각된 16개의 부조 역시 이곳이 드골주의 기억의 성지임을 다시 한번 환기시켰다. 앞서 본 납골당에 안치된 15명의 유해 가운데 11명이 정규군이었듯이(1952년 이후 16명 가운데 12명으로 그 비중은 더 커졌다), 이번에도 16개 부조 가운데 11개가 정규군(자유프랑스

---

244) 원문 자체는 좀 더 길다. "무슨 일이 일어나든 프랑스 저항의 불꽃은 꺼져서도 안 되고 꺼지지도 않을 것이다." Marcot, dir., *Dictionnaire historique de la Résistance*, p. 1,027.

245) Bracher, "Remembering the French Resistance," p. 55; Cameron et Segrétain, "Le Mont-Valérien," p. 21; Barcellini et Wieviorka, *Passant, souviens-toi !*, pp. 170~172.

'전투프랑스기념관' 정중앙의 로렌 십자가. 십자가 양쪽 날개 아래의 두 청동문은 강점기 프랑스의 대표 순국자 16명의 유해가 안치된 납골당으로 들어가는 입구 역할을 한다.

군 포함)과 이들의 전투를 표현했던 것이다. 1940년 5월 노르웨이의 나르빅(Narvik)에서 독일군에 승리를 거둔 프랑스 원정대, 1940년 7월에 창설된 자유프랑스 공군, 1942년에 리비아의 르페창(Le Fezzan)과 비라캠(Bir-Hakeim)에서 전투를 성공적으로 이끈 자유프랑스 부대들, 1942년 11월 툴롱(Toulon) 항에서 독일군의 포위망을 뚫은 잠수함 카자비앙카(Casabianca) 호, 1944년 5월과 7월 이탈리아의 카시노(Cassino) 산과 시에나(Siena)에서 승전한 프랑스 군대, 같은 해 8월 알랑송(Alençon)과 11월 스트라스부르(Strasbourg)를 해방시킨 제2기갑사단, 1945년 2월 콜마르(Colmar) 전투를 통해 알자스 지역을 해방시키고 3월에 라인 강을 건

넌 프랑스 제1군 등이 이 11개의 부조를 통해 묘사된 주역들이다.

반면, 국내 레지스탕스를 주로 표현한 부조는 단 3개뿐이었다. 숲속에서 전투를 벌인 "유격대"와 1944년 8월 19일 시민들이 봉기한 "파리", 국내 레지스탕스 대원들이 대부분을 차지한 "피총살자들"이 그것이다. 몽발레리앵은 그곳에서 1,000명 이상의 레지스탕스 활동가들과 인질들이 총살되었기 때문에 그러한 대규모의 기념관이 들어섰지만, 이들 피총살자의 비율은 16분의 1에 불과했던 셈이다.

나머지 두 개는 "행동(L'action)"과 "강제 이송"이었다. "행동"은 국내외의 레지스탕스 전체를 상징하는 부조로 해석될 수도 있겠는데, 기념관 전체를 기획한 총책임자인 건축가 펠릭스 브뤼노(Félix Brunau)가 덧붙인 해설문에 따르면 이 부조에서 한 손에 칼을 들고 다른 쪽 팔로 "조국이 살아남기 위해 목숨 바친 자신의 아들을 안은" 인물은 "자유프랑스"였다.[246]

기념관 개관 2년 뒤인 1962년 3월 10일에는 퇴역군인부 장관 레몽 트리불레(Raymond Triboulet)에 의해 '기억의 길(le parcours du souvenir)'이 제막되었다. 이 길은 납골당 왼쪽 출구에 연결된 계단으로 올라오면 시작되어, 피총살자들이 처형 직전에 잠시 머물렀던 예배당(la chapelle)을 지나 처형장인 숲속 빈터로 이어지도록 만들어졌다. 즉, 방문자들로 하여금 피총살자들이 처형당하기 직전에 실제로 걸었던 길을 걷도록 조성된 것이었다.[247]

246) Barcellini et Wieviorka, *Passant, souviens-toi !*, pp. 170~171; Cameron, dir., *Le Mont-Valérien*. pp. 52~55.

247) Barcellini et Wieviorka, *Passant, souviens-toi !*, p. 175; Cameron et Segrétain, "Le Mont-

2018년 7월 '전투프랑스기념관'에서 열린 기념식. 필자는 이곳에 탐방을 갔다가 이 행사에 우연히 참석하게 되었다.

이렇듯 '기억의 길' 조성으로 드골주의 기억('전투프랑스기념관')과 피총살자들의 기억 혹은 공산주의 기억(숲속 빈터)이 연결되었지만, 압도적으로 우세한 것은 드골주의 기억이었다. 납골당에 들어가는 것도, '기억의 길'을 통해 숲속 빈터로 가는 것도 오직 (드골주의 상징인) 거대한 로렌 십자가 아래의 청동 문을 통해서만 입장이 가능했고, 몽발레리앵 언덕에 올라서자마자 방문객의 시야를 압도하는 웅대한 규모의 '전투프랑스기념관'의 존재 자체가 뒤편 어딘가에 있을 숲속 빈터를 가리는 역할을 했던 것이다. 로렌 십자가 양쪽에 설치된 16개 부조의 구성에서부터 십자가 뒤 납골당에 안치된 16개 관의 구성까지, 십자가 하단에 새

Valérien," p. 21.

겨진 6·18선언 문구에서 바로 앞에 설치되어 그 문구를 형상화한 '꺼지지 않는 불꽃'의 성화 청동 방패까지 몽발레리앵은 더할 나위 없는 드골주의 기억의 성지가 되었다.

4,500명에서 1,007명으로

독일강점기에 몽발레리앵에서 레지스탕스를 이유로 총살당한 사람들은 정확히 모두 몇 명일까? 놀라운 점은 꽤 오랫동안 프랑스에서 이 문제는 공론화되지도, 논쟁되지도, 연구되지도 않았다는 것이다. 그러한 사실 자체가 전후 프랑스에서 몽발레리앵이 기억되고 기념되는 특정한 방식과 연관된 것으로 볼 수 있다. 그곳이 제2차 세계대전기 프랑스 순국자의 대표 추모 장소가 된 것은 무엇보다도 최대 처형장이었다는 사실에서 연유한 것이었지만, 앞서 보았듯이 1945년 6월 18일 기념식에서부터 1960년의 '전투프랑스기념관'에 이르기까지 몽발레리앵은 피총살자의 기억보다는 드골주의 기억의 성지로 자리 잡았던 것이다. 그러한 상황에서 실제로 몽발레리앵에서 구체적으로 어떠한 사람들이 몇 명이나 처형되었는가라는 문제는 그다지 중요하지 않았을 것이다. 기념관의 핵심적 장소인 납골당에 안치된 16명의 대표 순국자 가운데 실제로 몽발레리앵에서 총살된 사람이 단 한 명도 없다는 사실은 이러한 상황을 단적으로 보여준다.

피총살자의 수가 공식적으로 기록되고 세간에 알려지게 된 것은 해방되고 나서 15년이나 지난 1959년이 되어서야였다. 그해 11월 2일 '전투프랑스기념관'의 초석을 놓는 의식이 행해질 때 몽발레리앵 숲속 빈터 한복판에서 다음과 같은 문구가 새겨진 사암판이 퇴역군인부 장관에 의해 제막되었다.

1940년부터 1944년까지

적에 의해 총살된

4,500명 이상의 레지스탕스 대원이

자기 나라의 운명에 대한

불굴의 믿음을 위하여

여기서

쓰러졌다.[248]

그런데 문제는 이 '4,500명 이상'이란 수치가 전혀 근거 없는 것이라는 데 있었다. 이러한 기념판의 설치를 처음 제안한 '전투원작가협회'가 1955년에 작성한 문구는 다음과 같았다.

게르만족의 지배에 굴복하기를 거부한 약 4,000명의 레지스탕스 대원들이 1941년부터 1944년까지 여기서 총살되었다.[249]

4,000명이나 4,500명이나 근거가 희박하기는 마찬가지였다. 몽발레

---

248) Barcellini et Wieviorka, *Passant, souviens-toi !*, p. 167; Cameron et Segrétain, "Le Mont-Valérien," p. 22.

249) Barcellini et Wieviorka, *Passant, souviens-toi !*, p. 167.

리앵 공식 인터넷 사이트에 따르면 1945년 5월의 한 뉴스영화에 "거기
서 독일인들에게 총살된 프랑스인 4,500명"이라는 언급이 나오고, '전
투원작가협회' 회장인 피에르 샹렌(Pierre Chanlaine)이 퇴역군인부 장관
에게 보낸 서한에서 한 독일 하사관이 '4,800명'을 주장했다는 "출처 미
상의 문서"를 보았다고 썼다는데, 그러한 기록들은 확고한 증거와는 거
리가 멀다.[250]

한편, 주간지인 『파리 마취』(Paris Match) 1951년 9월 8일 자는 몽발레
리앵에서 총살당한 "순교자"의 수가 '1,500명'이나 '1,800명'으로 추산
된다는 기사를 실었다. 또한 이 기사는 '희생자부모·친구협회'가 현재
까지 모두 1,236명의 이름을 수합했다고 밝히고 있는데, 이는 앞서 소개
한 전단(1946년 9월)에서 '몽발레리앵 피총살자부모·친구협회'가 몽발레
리앵의 모든 피총살자 이름을 수합한다고 말한 점과 부합하는 것으로
보인다.[251] 하지만 이 수치들은 '1,500명'이나 '1,800명'이든 '1,236명'이
든, 이후 어떠한 역사가나 공공 기관에 의해서도 인용되거나 재론되지
않았다.

더 큰 문제는, 1959년 몽발레리앵 숲속 빈터에 "4,500명 이상"이란
문구를 포함한 기념판이 설치된 이후, 무려 28년 동안 '4,500명'이라는
그 출처 불명의 수치에 대해 어느 누구도 진지하게 이의를 제기하지 않
았다는 데 있다. 이의가 제기되기는커녕 '4,500명'이란 수치는 공식 회

---

250) Le Mont-Valérien - Haut lieu de la mémoire nationale, "Histoire de la dalle de la clairière
  du Mont-Valérien et de l'inscription des « 4500 » fusillés," http://www.mont-valerien.fr/
  parcours-de-visite/la-clairiere/histoire-de-la-dalle(검색일: 2020년 12월 18일).
251) Paris Match, 8 septembre 1951.

의와 기록에서 여러 번 반복되었다. 즉, 1960년 11월 9일 열린 퇴역군인·전쟁희생자부의 기념물연구위원회 총회에서 '전투프랑스기념관'의 기획 총책임자 브뤼노는 1940~44년의 몽발레리앵에서 "4,500명 이상이 숨졌다."라고 발언했고,[252] 1962년에 퇴역군인부가 발간한 소책자 『몽발레리앵의 명소 — '전투프랑스기념관' — 기억의 길 — 납골당』에는 '4,500명'이란 수치가 여러 번 등장했다. 20년 뒤인 1982년 5월 3일의 국민의회에서도 한 의원은 총리에게 보내는 질문서에서 "몽발레리앵에서 4,500명의 애국자가 총살"되었다고 쓰면서 "희생자 4,500명의 가장 완전한 명단"을 게시할 박물관을 몽발레리앵 예배당 안에 만들 것을 요구했던 것이다.[253]

이 수치에 대해 처음으로 진지하게 의문을 제기하고 새로운 수치를 제시한 것은 1987년 6월 '프랑스강제이송유대인자녀협회'가 발간한 소책자 『953명의 몽발레리앵 피총살자(1941~44), 그중에 유대인 161명』이었다. 이는 '프랑스강제이송유대인자녀협회' 회장인 클라르스펠드가 레지스탕스 출신의 같은 협회 사무국원인 체베리와 함께 조사를 벌인 끝에 펴낸 것이다. 이 두 사람은 8년 뒤, 퇴역군인부 기록보관소 문서들에 대한 조사를 거쳐 단행본 형태의 개정 증보판을 내놓는다. 앞서 언급한 『1,007명의 몽발레리앵 피총살자, 그중에 유대인 174명』(1995)이 그것이다.[254] 1989년에는 퇴역군인부의 기억·역사정보대표단도 자체 조사를 실시하여 몽발레리앵의 피총살자 수를 총 1,039명으로 집계했

---

252) Klarsfeld et Tsevery, *Les 1,007 fusillés*, pp. 36~37.

253) *Ibid.*, p. 8.

254) *Ibid.*, p. 6, 13, 39.

다.[255] 정부가 클라르스펠드의 작업에 자극과 압력을 받은 것으로 봐야 할 것이다.

요컨대 약 30년 만에 몽발레리앵의 피총살자 수는 '4,500명 이상'에서 '1,000명 안팎'으로 바뀌었다. 사실, '1,000명 안팎'으로 피총살자 수를 집계한 것은 클라르스펠드와 체베리가 처음은 아니었다. 일찍이 해방 직후인 1944년 10월 31일, 프랑스국내군의 특무상사 로베르 도르(Robert Dor)가 "1944년 11월 1일 드골 장군이 참석할 몽발레리앵 피총살자 추모식"을 위한 보고서에서 "약 천 명의 사람들이 몽발레리앵 요새에서 총살되었다."라고 썼던 것이다. 특기할 만한 점은 타자기로 작성된 보고서의 "약 천 명의 사람들" 부분에 밑줄이 그어져 있고, 바로 위에 손으로 "939명의 명단"이라고 쓰여 있다는 것이다.[256] 불행히도 이 명단은 발견되지 않았지만, 클라르스펠드에 따르면 동일 인물이 다음 해 2월 21일에 작성한 두 번째 명단은 존재했다. 그것은 파리 군사령관의 요구로 작성된 17쪽 분량의 명단으로, 모두 927명의 성명, 생년월일, 사망일, 주소가 사망일순으로 적혀 있었다. 이후(1945~46년으로 추정)에는 파리 검찰청 제7국이 좀 더 길고 상세한 명단을 작성했다. 35쪽에 걸쳐 모두 1,149명의 피총살자 명단을 직업, 주소, 처형일, 처형 장소, 처형 사유와 함께 작성했는데, 이 가운데 985명이 몽발레리앵에서 총살된 사람들이었다.[257]

---

255) Cameron et Segrétain, "Le Mont-Valérien," p. 22.
256) Klarsfeld et Tsevery, Les 1,007 fusillés, p. 7, 34. 이 책 34쪽에 이 보고서 3쪽의 사진이 실려 있다.
257) Ibid., pp. 6~7, 35, 39.

클라르스펠드와 체베리는 이상의 사료들을 포함하여 "수백 편의 문서와 수천 장의 자료"[258]를 퇴역군인부 기록보관소에서 분석한 끝에 최종적으로 1,007명으로 집계했던 것이다. 즉, 정부는 이미 해방 직후 (1944~46년)부터 '900명대'로 몽발레리앵의 피총살자 수를 집계한 바 있지만 거의 반세기 동안 그러한 정보는 퇴역군인부 기록보관소의 서류 더미 속에 묻혀 있었고, 1995년에야 클라르스펠드에 의해 그러한 사실이 공개된 셈이었다.

한편, 클라르스펠드와 체베리는 1987년과 1995년, 두 차례 모두 몽발레리앵의 전체 피총살자 수만이 아니라 그중에 "유대인"이 몇 명이었는지를 따로 집계했다. 사실, '프랑스강제이송유대인자녀협회' 회장인 클라르스펠드에게 이러한 집계는 그 자체로 매우 중요한 의미를 가지는 것이었다. 1995년 책의 「서문」에서 클라르스펠드는 이러한 책을 출간한 취지 자체가 "역사적 진실"의 규명(4,500명 이상이 아니라 1,000명 이상)과 함께 "프랑스, 특히 수도권에서 유대인 레지스탕스가 수행한 역할"을 강조하는 것이라고 밝혔던 것이다. 즉, 피총살자 1,007명 가운데 "유대인 레지스탕스 174명"(17.3%)은 "프랑스 전체 인구 대비 유대인의 비율 0.8%"보다 훨씬 높은 것이었고, '4,500명 중에 174명'(3.9%)보다도 높은 것이었다. 이는 홀로코스트와 관련하여 흔히 얘기되는 "유대인들은 양처럼 도살장에 끌려갔다."라는 통념을 반박하는 증거라고 클라르스펠드는 역설했다.[259] 따지고 보면 '4,500명이 아니라 1,007명'이라고 전체 피총살자 수를 변경하는 데 클라르스펠드가 가장 염두에 둔 측면

258) *Ibid.*, p, 39.
259) *Ibid.*, pp. 5, 11, 14.

은 그럼으로써 유대인 희생자, 혹은 유대인 레지스탕스의 비중을 높이
는 것이 아닐까라는 생각까지 든다.

　그의 정확한 의도가 무엇이었든지 간에 여러 가지 증거에 비추어
보아 피총살자의 전체 수가 '1,500명이나 1,800명'(1951년의 『파리 마취』
지) 혹은 '4,500명 이상'(1959년 이후)보다는 '1,000명 이상'이 훨씬 더 역사
적 진실에 가까운 것은 사실이다. 1995년 3월 30일 자의 주요 일간지들
역시 이 새로운 수치를 크게 보도했다. 『르몽드』는 「몽발레리앵의 유령
피총살자들」이란 제목으로 "약 3,000명의 유령이 아니라 진짜 영웅들
을 기념"하자는 클라르스펠드의 발언을 서두에 인용했고,[260] 『르피가
로』는 「몽발레리앵: 진짜 숫자」라는 제목으로 "나치는 4,500명이 아니
라 1,007명의 레지스탕스 대원을 총살"했다고 보도했다.[261] 『리베라시
옹』 역시 「몽발레리앵: 클라르스펠드가 피총살자의 수를 교정하다」라
는 제목으로 큰 지면을 할애했다.[262]

　또한 클라르스펠드는 새로운 수치와 명단을 제시하는 데 그치지 않
고 몽발레리앵에 세워진 기념판에 기록되어 있는 수치를 변경하고자
했다. 우선, 1989년에는 '전투프랑스기념관' 앞에 새로운 기념판을 세
우는 작업에 관여했다. 그 기념판에 새겨진 글은 다음과 같았다.

1989년 5월 3일 여기에

쉬렌(Suresnes) 시장 크리스티앙 뒤퓌(Christian Dupuy)와

260) *Le Monde*, 30 mars 1995.
261) *Le Figaro*, 30 mars 1995.
262) *Libération*, 30 mars 1995.

프랑스유대민족기금 대표 에두아르 놀(Edouard Knoll)이

프랑스 유대인들에게 동등한 시민권을 부여한

프랑스혁명의 200주년을 맞이하여

1941년부터 1944년까지 독일강점기 프랑스의

몽발레리앵에서 나치에 의해 총살된

165명의 유대인 레지스탕스 대원들과 인질들을

추모하는 "자유의 작은 숲"의

첫 번째 나무를 심었다.

그들은 자신의 존엄성과

자신의 자유를 위해 싸웠다.[263]

전체 피총살자의 수치(1987년 현재 953명)가 아니라 유대인 피총살자의 수치(1987년의 161명에서 4명이 추가 발견되었다.)만 기록된 이유는, 클라르스펠드 자신이 이후 퇴역군인부 장관에게 보낸 서한에서 밝힌 바에 따르면, 그러한 전체 수치 변경은 정부(퇴역군인부)의 소관이므로 "문제를 일으키고 싶지 않"아서였다.[264] 또한 위의 문구에서 마지막 문장은 주목할 만하다. 앞서 본 1959년의 기념판에서는 4,500명 이상의 레지스탕스 대원이 "자기 나라의 운명에 대한 불굴의 믿음"을 위하여 쓰러졌다고 쓰여 있었는데, 30년 뒤의 기념판에서는 "자신의 존엄성과 자신의 자유"를 위해 싸웠다고 새겨졌던 것이다. 이는 애국심이 절대적으로 중요한 가치였던 시대에서 인권이라는 보편적 가치가 더 중시되는 시대

---

263) Klarsfeld et Tsevery, *Les 1,007 fusillés*, p. 33.
264) *Ibid.*, p. 14.

로의 변화를 반영하는 동시에, 실제로 '자기 나라를 위한' 투쟁이란 틀이 그다지 맞지 않는, 많은 수의 유대인과 외국인 피총살자들의 존재를 감안한 진술로 봐야 할 것이다.

이어서 1994년 9월 28일에 클라르스펠드는 퇴역군인·전쟁희생자부 장관에게 보낸 서한을 통해, 몽발레리앵에 관한 기념판과 공식 문서들에 나와 있는 '4,500명'이라는 수치를 변경할 것을 요구했다. 한 달 뒤 보낸(10월 27일) 답장에서 필리프 메스트르(Philippe Mestre) 장관은 앞으로 간행될 공식 소책자에서 피총살자 "약 천 명"을 언급하도록 하겠으나 "당장 청동판을 철거"하기는 어렵다고 답했다.[265] 이에 클라르스펠드는 1995년 3월에 발간한 『1,007명의 몽발레리앵 피총살자』의 서문에서 재차 기념판 수치의 변경을 촉구했다. 그에 따르면 숫자 변경을 요구한 기념판은 '청동판이 아니라 사암판'이며 '4,500명 이상'을 '1,000명 이상'으로 고치면 되므로 '4'와 '5'를 '1'과 '0'으로만 교체하면 될 것이었다.[266]

하지만 이번에도 변경 요구는 받아들여지지 않았다. 앞서 언급했듯이, 이미 6년 전(1989) 정부(퇴역군인부)의 자체 조사에서도 1,039명으로 집계되었지만, 매년 그리고 1년에도 여러 번 기념식이 행해지는 숲속 빈터 정중앙에 설치된 기념판의 숫자를 바꾸는 것은 또 다른 문제였다. 많은 관련 단체들(레지스탕스 단체든, 희생자 유족 단체든)이 반대했던 것으로 보인다. 별 근거 없는 '4,500명 이상'이라는 수치가 수십 년 동안 문제시되지 않을 수 있었던 것과 비슷한 이유로, 영광과 명예의 기억을 축소

265) Ibid., pp. 13~15.
266) Ibid., p. 5.

하는 방향으로 무언가를 고치기란 어려웠다.

피총살자들의 이름으로

숲속 빈터 기념관의 숫자는 바뀌지 않았지만 아무런 변화도 없
었던 것은 아니었다. 클라르스펠드의 『1,007명의 몽발레리앵 피총살
자』가 출간되고 나서 2년 뒤인 1997년 6월 12일, 몽발레리앵이 속한
오드센(Hauts-de-Seine) 도의 사회당 상원의원 로베르 바댕테르(Robert
Badinter)[267]가 "1940~44년에 총살된 레지스탕스 대원 및 인질들의 이름
을 새겨 넣은 몽발레리앵 기념물을 건립하는 것에 대한" 법안을 제출했
다. 이후에 바댕테르는 그 기념물을 만들게 될 파스칼 콩베르가 제작한
다큐멘터리(2003)에서, 그러한 법안을 구상하게 된 동기가 평소에 자신
이 몽발레리앵 공식 기념식에서 느꼈던 "이상한" 감정에서 유래한 것이
라고 토로했다. 정확히는, '전투프랑스기념관' 앞에서의 성대한 기념식
이 끝난 뒤 숲속 빈터 처형장에 가서 느낀 공허한 감정이었다. 그는 상
원 보고서에서 그리도 많은 사람들이 몽발레리앵에서 처형당했는데
이들의 이름이 그곳 어디에도 새겨지지 않았던 데 유감을 표명하면서,
이러한 문제를 해결하기 위해 법안을 제출한다고 밝혔다. 그것은 브래
처가 정확히 표현했듯이 "전사들의 집단적 영웅주의나 대의의 승리를
찬미하기보다는 쓰러진 레지스탕스 대원들을 집단적 망각에서 구제"

---

267) 그는 미테랑 정부의 법무부 장관(1981~86)으로서 사형제도 폐지(1981)를
주도한 인물이기도 하다.

몽발레리앵에 세워진 종 모양의 피총살자 추모기념물(2003년 9월 20일의 제막식). 1,006명의 피총살자 이름들이 이 기념물에 빼곡히 새겨져 있다.

하려는 것이었다.[268]

　그 법안은 1997년 10월 22일에 통과되었고, 다음 해 3월 3일에는 국방부 퇴역군인담당 국무서기령으로 '몽발레리앵 피총살자들에게 경의를 표하기 위한 위원회'가 창설되었다. 그 법령에 따르면 위원회의 임무는 "가능한 한 가장 완전한 피총살자 명단을 작성하고, 경의를 구체화하는 조건들에 대한 견해를 내는 것"이 될 것이었다.[269]

　1998년 6월 25일에는 명단 작성팀이 구성되었고, 1999년 11월에 1,015명의 명단이 완성되어 2000년 11월에는 최종 승인되었다.[270] 이

268) Bracher, "Remembering the French Resistance," p. 58; Cameron et Segrétain, "Le Mont-Valérien," pp. 22~23.

269) Cameron et Segrétain, "Le Mont-Valérien," p. 23.

270) Le Mont-Valérien - Haut lieu de la mémoire nationale, "Historique de la constitution de la

어서 2000년 12월 6일에는 이러한 명단을 새겨 넣을 몽발레리앵 기념물 제작을 위한 공모전에 대한 공고가 시작되었고, 첫 공모전이 불발로 끝나고 2차 공모전 끝에 2001년 10월 3일, 조형예술가 파스칼 콩베르의 기획안이 최종 선정되었다.[271]

그렇게 탄생한 "1941~44년 몽발레리앵 레지스탕스·인질 피총살자 추모기념물"은 2003년 9월 20일 총리 장피에르 라파랭(Jean-Pierre Raffarin)에 의해 제막되었다. 60여 년 전 레지스탕스 사형수들과 인질들이 총살당하기 직전에 잠시 머물렀던 예배당 바로 앞에 세워진 기념물은 높이 2.18미터, 직경 2.7미터의 짙은 청동색 종鐘이었다. 그 기념물에 당시까지 공식적으로 확인된 1,006명의 피총살자 이름들이 처형당한 연도별, 날짜순으로 빼곡히 새겨졌다.

위원회의 결정에 따라 몽발레리앵 피총살자 가운데서도 일반법 사형수, LVF(Légion des volontaires français contre le bolchevisme, 동부전선에서 독일군과 함께 싸웠던 "반反볼세비즘프랑스의용군") 소속 사형수 등은 제외되었다. 역시 위원회가 확정한 문구 "1941~44년 나치 군대에 의해 몽발레리앵에서 총살된 레지스탕스 대원들과 인질들, 그리고 신원이 확인되지 않은 모든 이들에게"라는 헌사가 종의 최하단에 새겨졌다. 종 하단의 테에는 빈 공간이 남겨졌는데, 이는 차후에 신원이 확인될 피총살자

---

liste des fusillés," http://www.mont-valerien.fr/parcours-de-visite/le-monument-en-hommage-aux-fusilles/la-liste-des-fusilles(검색일: 2020년 12월 18일). 이 명단은 이후에도 계속해서 오류 수정, 추가와 삭제 과정을 거쳐 2010년 10월 18일 현재 1,008명이 되었다. 이 수치는 현재(2022년 9월)까지 유지되고 있다.

271) *Ibid.*

들의 이름을 추가하기 위한 공간이었다.[272]

그러면 왜 하필 종 모양이었을까? 종에 사망자들의 이름이 적혔기 때문에 우선 떠오르는 것은 조종弔鐘의 이미지인데, 제막 사흘 전(2003년 9월 17일) 『뤼마니테』에 실린 인터뷰 기사에서 콩베르 자신이 밝힌 바에 따르면, 그가 종을 선택한 것은 무엇보다도 공동체를 단결시키는 기능과 시간을 알리는 기능에서 비롯된 것이었다. 즉, 종은 전통적으로 마을이나 도시에서 주민들의 탄생과 죽음을 알리는 기능을 통해 기쁨과 슬픔 속에서 주민 공동체를 단결시키고, 시간을 알리는 기능은 이 기념물에서는 "전쟁의 시간, 평화의 시간, 정의의 시간"을 나타낸다고 말했던 것이다.[273] 그 밖에, 역시 콩베르 자신이 공모전에 제출한 기획안에 따르면, 종의 형태가 장소를 많이 차지하지 않고, 기존의 역사적 장소를 가능한 한 훼손하지 않으며, 묘비로서의 성격과 활력을 동시에 보여준다는 점도 종 모양으로 기념물을 제작한 이유가 되었다.[274]

끝으로, 그 기념물이 실제의 종이 아니라 형태만 종 모양이라는 점, 게다가 종소리가 실제로 날 수 있도록 종 안에 추를 달고 지면에서 약간

---

272) Cameron et Segrétain, "Le Mont-Valérien," p. 23; Cameron, dir., *Le Mont-Valérien*. pp. 185, 187; Bracher, "Remembering the French Resistance," p. 58; Pascal Convert, "Monument à la mémoire des résistants et otages fusillés au Mont Valérien entre 1941 et 1944," http://www.pascalconvert.fr/histoire/mont_valerien/monument.html(검색일: 2020년 12월 18일); Le Mont-Valérien - Haut lieu de la mémoire nationale, "Le monument rendant hommage aux fusillés du Mont-Valérien," http://www.mont-valerien.fr/parcours-de-visite/le-monument-en-hommage-aux-fusilles/loeuvre-de-pascal-convert(검색일: 2020년 12월 18일).

273) *L'Humanité*, 17 septembre 2003.

274) Convert, "Texte du concours," http://www.pascalconvert.fr/histoire/mont_valerien/monument.html(검색일: 2020년 12월 18일).

이라도 떨어지도록 매단 것이 아니라 (추도 없고) 그냥 지면 바로 위에 세워 놨다는 점에서 그것은 '침묵'을 상징하기도 했다.[275] 필자가 보기에 이는 60여 년 전 나치 독일에 의해 피총살자들이 (처형당함으로써) 침묵을 강요당한 것을 의미하는 동시에, 전후 몽발레리앵이 드골주의 기억의 성지로만 남음으로써 피총살자들의 기억이 수십 년간 침묵 상태에 빠질 수밖에 없었던 상황을 비판하는 것으로도 볼 수 있다고 생각한다.

그러한 점에서 2003년에 세워진 이 종 모양의 새로운 기념물은 단지 60여 년 전 독일강점기 점령 당국의 야만성이라는 과거사(사실의 역사)를 비판하고 규탄하는 역할만이 아니라, 전후 수십 년간 피총살자들의 기억, 유족들의 기억, 개인들의 기억을 억누르고 드골주의 기억, 영웅들과 전투원들의 기억, 국가의 기억이 지배했던 시대(기억의 역사)를 비판하는 역할도 해내고 있다.

새로운 기념물의 가장 새로운 특성, 피총살자들 개개인의 기억을 되살리도록 한 특성은 바로 1,000명 이상의 피총살자들 이름 하나하나를 모두 새겨 넣었다는 데 있다. 콩베르는 이 기념물을 만들고 나서 8년 뒤 가진 한 인터뷰(2011년 5월 7일)에서 공모전 당시 자신의 기획안에 "국가의 대표들은 반대표를 던진 반면" 레지스탕스 협회들이 찬성표를 던졌다고 밝히면서 다음과 같이 말했다.

> 그것(기념물 - 필자)은 묘비인 동시에 … 일종의 부속 건물을

---

275) *Le Mont-Valérien*, "Le monument rendant hommage," http://www.mont-valerien.fr/parcours-de-visite/le-monument-en-hommage-aux-fusilles/loeuvre-de-pascal-convert(검색일: 2020년 12월 18일).

상기시키는 매우 민주적인 형태다. 가족들(피총살자 유족을 지칭 -
필자)은 즉시 그 기념물을 보러 왔다. 그들은 천 개의 새겨진 이
름 가운데 자기 가족의 이름을 찾았고, 그것을 발견했을 때 손으
로 만졌다. 그것은 기묘하고 매우 감동적인 순간이었다.[276]

애초의 법안을 냈던 바댕테르는 2003년 6월 『뤼마니테』와 가진 인
터뷰에서 그간에 몽발레리앵이 가졌던 '익명성'을 다시 한번 비판했다.

> 프랑스 도처에 레지스탕스 고인故人 추모 기념물, 이곳에서
> 누가 총살되었다고 … 쓰인 묘비들이 있는데, 나치 독일의 범죄
> 적 성격과 레지스탕스를 상징하는 … 몽발레리앵에는 아무것도
> 없어서 영웅들은 익명이 되었다! 가장 많은 레지스탕스 영웅들과
> 인질들이 총살된 그곳에서 … 그들은 익명성의 베일로 다시 덮여
> 있었다. 그러나 이들은 무명인들이 아니었다 … 내 아버지가 몽
> 발레리앵에서 총살당했다면 나는 내 아이들에게 기념물에 새겨
> 진 그 이름을 보여주기 위해 그곳에 데려갔을 것이다.[277]

이어서 그는 그동안 몽발레리앵이 익명성을 유지했던 이유가 "일종
의 무관심"과, 4,500명 이상이라는 기존의 숫자를 건드리는 데 정부들
이 느꼈을 "불편함"에 있을 것이라고 발언했는데 이는 날카로운 지적이

---

276) Tillier, "La mémoire, l'histoire et la racine de l'immédiateté," p. 79.
277) Robert Badinter, "Les héros ont des noms," L'Humanité, 14 juin 2003.

아닐 수 없다.[278]

한편, 콩베르는 국가가 발주한 기념물을 제작하는 데 그치지 않고, 좀 더 자유로운 입장에서 동일한 주제로 다큐멘터리 영화도 만들었다. 1,006명의 피총살자들의 이름을 연도별로 보여주는 것 이상을 할 수 없는 기념물과 달리, 콩베르는 영화라는 형식을 통해 좀 더 충분하고 구체적으로 피총살자들의 이야기를 하고 싶었던 것으로 보인다. 익명성을 깨자는 기념물의 문제의식은 영화에서도 그대로 유지되었다. 제목부터가 〈몽발레리앵: 피총살자들의 이름으로〉였다. 이름을 드러내는 데서 그친 기념물보다 영화가 한 걸음 더 나아간 것은 이들 피총살자가 구체적으로 누구인가 하는 것이었다. 콩베르가 특히 주안점을 둔 것은 2003년 9월 『뤼마니테』와의 인터뷰에서 밝혔듯이 이들이 "대체로 하층 출신, 상당수 공산주의자, 종종 외국인, 종종 유대인, 때때로 셋 다"에 해당했다는 사실이었다.[279] 8년 뒤의 인터뷰에서도 그는 몽발레리앵 "피총살자의 80퍼센트가 공산주의자이거나 유대인이거나 외국인, 때때로 셋 다"였으므로, 그 영화는 "이들에게 우선적으로 권리를 찾아주는 것"이었다고 주장했다.[280] 나치 독일의 이데올로기적 적敵이자 비시 정부가 혐오했던 이들은 콩베르의 표현을 빌리면 전후 "공화국에 의해 잊혀 왔다."[281]

아이러니하게도 바로 그러한 이유로 이 영화는 TV 방영이 불발되었

---

278) *Ibid.*

279) "Entretien avec Pascal Convert," *L'Humanité*, 17 septembre 2003.

280) Tillier, "La mémoire, l'histoire et la racine de l'immédiateté," p. 79.

281) *L'Humanité*, 17 septembre 2003.

다. 이 영화에서 (이른바 '주류' 레지스탕스가) 배제되었다고 느끼거나 충분히 강조되지 않았다고 판단한 레지스탕스 단체들과 피총살자 유족들의 반발로 2003년 6월 27일 밤 9시 이스투아르(Histoire) 채널에서 방영하기로 했던 계획이 취소되었던 것이다. 2003년 6월 21일 자 『르몽드』 기사에 따르면, 이스투아르 채널 책임자들은 "피총살자 가족들을 존중하여" 몽발레리앵 기념물이 제막되기 전에 이 다큐멘터리가 방영되기를 원하지 않은 "국방부의 요구"에 따라 방영 계획을 취소했다. 콩베르가 제작한 기념물(2002년에 완성된)의 제막 날짜는 국방부와 쉬렌 시청의 "일정상의 이유로" 여러 번 연기되던 터였다(결국 석 달 뒤에 제막되었다).

이러한 취소 결정에 콩베르는 "몹시 놀랐다."라고 『르몽드』는 보도했다. 그는 이스투아르 방송과 아르테(Arte) 방송이 공동 제작한 이 다큐멘터리와 무관한 국방부가 어떻게 그 방영을 막을 수 있는지 의아해했다. 콩베르는 기념물 제막 일정과 연계시킨 공식적 이유 이전에 더 근본적인 이유가 있음을 간파했던 것으로 보인다. "내 영화와 내 조각품(기념물을 지칭 - 필자)이 피총살자들에 포함된 수많은 외국인, 유대인, 공산주의자들을 너무 많이 강조"한 것이 "혼란"을 야기한 것 같다고 발언했던 것이다.[282]

콩베르는 8년 뒤 가진 인터뷰에서 당시 상황을 더 분명하게 알려주었다. 영화에서 "배제되었다고 느낀 레지스탕스 협회들의 청원"으로 방송 편성이 취소되었으며, "내 영화가 야기한 반응의 폭력성"은 가히 "경악"할 만한 것이었다. 특히 독일강점기에 랑드(Landes) 도에서 유격

---

282) Sylvie Kerviel, "'Au nom des fusillés' déprogrammé," *Le Monde*, 21 juin 2003.

대를 조직한 레지스탕스 "영웅"의 손자인 자신이 영화 상영 시 "콜라보 (collabo)"(대독협력자의 경멸적 약칭) 취급까지 당한 데 충격을 받고 경악했다.[283] 이어서 그는 의미심장한 발언을 했다.

> 거기서 나는 기억의 영토들에 대한 문제, 그리고 그 국경을 바꾸는 데 따르는 위험에 대한 문제를 이해했다. 나의 관심을 끈 것은, 이 영토들 사이에 만들어진 공간들, 암묵적 발화 내용과 침묵이 조직되는 공간들에서 벌어지는 일이다.[284]

드골주의 기억, 공식적 기억, 국가(주도)의 기억, 영웅적 기억, 주류 레지스탕스의 기억에서 피총살자들의 기억, 비공식적 기억, 개인의 기억, 잊힌 사람들의 기억, 비주류 레지스탕스의 기억으로 이행하는 과정에서 빚어진 혼란과 균열, 반감과 불편함이 영화 〈몽발레리앵: 피총살자들의 이름으로〉가 야기한 논란의 많은 부분을 설명해주지 않을까?

강점기 프랑스의 최대 처형장 몽발레리앵이 전후에 맞은 운명은 실로 기묘하다. 6월 18일 선언(1940)과도, '자유프랑스'와도 무관했던 몽발레리앵이 드골에 의해 6·18기념식장으로 채택되는가 하면, 1945년 11월 11일 몽발레리앵의 임시 납골당에 안치된 15명의 '대표' 프랑스 순국자 가운데 정작 그곳에서 총살당한 사람들은 단 한 명도 없었다. 몽발레리앵 피총살자 중에 드골주의계 레지스탕스 조직원은 매우 적었

---

283) Tillier, "La mémoire, l'histoire et la racine de l'immédiateté," pp. 79, 81.
284) Ibid., p. 81.

음에도 그곳은 드골주의 기억의 성지가 되었다. 15명(1952년부터는 16명)의 대표 순국자 중에서도, 16개의 '전투프랑스기념관' 부조 중에서도 국내 레지스탕스는 소수였다. "피총살자"를 상징하는 부조는 16분의 1에 불과했다. 기념관(그리고 방문객들)을 압도하는 정중앙의 조형물은 드골주의 상징물인 '로렌 십자가'였고, 아예 기념관의 명칭 자체가 자유프랑스의 후속 명칭인 '전투프랑스' 기념관이었다.

기념물의 기능은 워낙 "집단적 기억을 부과"(제라르 나메르)[285]함으로써 "공동체 전체를 단결"(파스칼 콩베르)[286]시키는 것인데 '전투프랑스기념관'이 프랑스 국민 전체를 단결시키는 데 얼마나 기여했는지는 의문이다. 하지만 적어도 개관 후 첫 10년 동안(1960-69)은 그러한 역할을 해내는 데 상당 부분 성공했던 것으로 보인다. 1960년대는 분명 드골주의의 전성기였다. 강점기 4년 내내 프랑스 전 국민이 레지스탕스를 중심으로 단결했다는 '레지스탕스주의' 신화가 가장 위세를 떨쳤던 시기도 바로 그 시기였고, 그러한 신화를 표현하는 가장 대표적인 건축물이 다름 아닌 '전투프랑스기념관'이었다.

몽발레리앵에서 정확히 몇 명이 총살당했는가를 묻지 않는 것도 이러한 분위기와 무관하지 않다. 해방 직후(1944-45) 정부에 의해 그러한 집계(900명대)가 이루어졌음에도 수십 년간 공표되지 않고, 근거가 희박한 '4,500명 이상'이란 수치가 오랫동안 문제시되지 않았던 것은 레지스탕스주의 신화가 드골주의 기억의 성지 몽발레리앵에서만큼은 꽤 오래 지속되었음을 말해 준다. 몽발레리앵에서 구체적으로 어떤 사

---

285) Namer, *La commémoration en France*, p. 7.
286) *L'Humanité*, 17 septembre 2003.

람들이 총살되었고 몇 명이나 죽었는지를 따지지 않는 것은, 크게 부풀려진 희생자 수(곧 레지스탕스의 규모)에 자족하고 공산주의자, 외국인, 유대인의 존재를 확인하고 싶지 않은 레지스탕스주의/드골주의 신화/기억에 들어맞는 것이었다. 기념식/기념물에서 배제되었다고 느끼고 숲속 빈터에서 따로 기념식을 가졌던 공산주의자들도 피총살자 수에서만큼은 그들 자신이 해방 직후부터 '75,000 피총살자의 당'이란 (역시 크게 부풀려진) 기치를 내걸어왔던 터라 문제를 제기하기 어려웠을 것이다.

역사 서술(1973년의 '팩스턴 혁명')과 영화계(1974년의 〈라콩브 뤼시앵〉)[287]에서 1970년대 초중반부터 무너지기 시작한 레지스탕스주의 신화가 '기념'의 영역에서만큼은 훨씬 뒤에 흔들렸던 셈이다. '4,500명'에 대한 문제 제기가 본격적으로 시작된 것이 1980~90년대이고, 새로운 기념물을 세우자는 법안이 나온 것이 1990년대 말이었다.

또한 그러한 움직임이 유대인 사회에서 처음 나왔다는 사실은 의미심장하다. 『1,007명의 몽발레리앵 피총살자』를 간행한 것은 '프랑스강제이송유대인자녀협회'였고, 그러한 법안을 제출한 상원의원 바댕테르는 반세기 전 아버지를 유대인 절멸수용소에서 잃은 인물이었다. 이는 1970년대 초부터 레지스탕스주의 신화가 무너지고 1980~90년대부터 홀로코스트와 유대인의 기억이 우세하게 되는 집단적 기억의 추이를 반영하는 것이기도 하다.

2003년 9월에 제막된 새로운 기념물 '1941~44년 몽발레리앵 레지

---

287) 이에 대해서는 이용우, 7장 「강점기 프랑스를 영화로 재현하기: 라콩브 뤼시앵」, 『레지스탕스 프랑스』, 푸른역사, 2019를 보라.

스탕스·인질 피총살자 추모기념물'의 가장 큰 의의는 그곳에서 총살당한 사람들 모두의 이름을 새겨 넣었다는 데 있을 것이다. 납골당에 안치된 16명의 대표 순국자 중에 포함되지 않았을 뿐 아니라 이름조차 몽발레리앵 어디에도 새겨지지 않았던 1,000명 이상의 피총살자들이 이제 비로소 온전히 드러나게 되었다. 1년 반 뒤인 2005년 1월에 기존의 '무명유대인순교자기념관'이 '쇼아기념관'이라는 새로운 이름으로 재개관할 때 제막된 새 기념물도 바로 홀로코스트로 목숨을 잃은 유대인 75,568명의 이름을 모두 새겨 넣은 "명단의 벽"이었다.

막연히 "전투프랑스"라는 이름으로, 무명의 "순국자"로서, 로렌 십자가 아래 (반강제로) 통합되던 시대에서, 명확히 자신을 드러낸 피총살자 개개인의 이름으로 기억되고 기념되는 시대로 이행한 것은 분명 긍정적인 변화임이 틀림없다. "자기 나라의 운명에 대한 불굴의 믿음을 위하여" 쓰러졌다는 문구(1959)에서 "자신의 존엄성과 자신의 자유를 위해" 싸웠다는 문구(1989)로, 다시 "프랑스와 자유를 위해" 목숨을 바쳤다는 문구(2005, 2009)[288]로 계속 기념판과 게시판의 표현이 바뀐 것도 점점 더 역사적 진실에 가까운 쪽으로 변화해간 것으로 볼 수 있다.

그럼에도 새 기념물을 만든 콩베르의 또 다른 작품인 다큐멘터리 영화 〈몽발레리앵: 피총살자들의 이름으로〉가 2003년에 야기한 논란과 TV 불방 사태는 그러한 변화와 이행이 여전히 순탄치만은 않다는 것을 보여준다. 2006년에 간행된 『레지스탕스 역사 사전』에서 "몽발레리앵" 항목의 집필자 바르셀리니는 콩베르의 새 기념물이 1944년 이후 몽

---

288) Le Mont-Valérien, "Histoire de la dalle," http://www.mont-valerien.fr/parcours-de-visite/la-clairiere/histoire-de-la-dalle(검색일: 2020/12/18).

발레리앵이 쟁점이 되어온 '기억의 전투'의 "종결을 나타낸다."라고 쓰면서 바로 뒤에 괄호를 치고 "일시적으로?"라고 덧붙였는데[289] 필자 역시 이러한 유보적 인식에 동의한다.

289) Marcot, dir., *Dictionnaire historique de la Résistance*, p. 1,021.